Markus Daumüller

Die Bildungsshow

Wie Bildung und Lernen inszeniert werden.

Anatomie eines Theaterstücks

Inhaltsverzeichnis

1. *Die erregte Gesellschaft*........................ 6

2. *Die Umdefinierung von Können*........... 17

3. *Die Simulation von Lernen*................... 54

4. *Die Relativierung kultureller Werte*.... 82

5. *Die Gesinnungsschule*.......................... 119

6. *Die Verachtung der Intellektualität*..... 135

7. *Die Bildung als Erregungsideologie*..... 169

Anmerkungen 174

1. Die erregte Gesellschaft

Die erregte Gesellschaft versteht Bildung als Wettbewerbselement. Sie habe im globalen Vergleich genauso zu funktionieren wie Maschinenbau oder Autoindustrie: Deutschland muss auf dem ersten Platz stehen. Alles andere – Pisa-Studien mit deutschen Schülern auf Platz zehn oder zwanzig – sei eine Vollkatastrophe. So titelt *tagesschau online* am 3.12.2019: „Deutschlands Schüler wieder schlechter". Es habe sich seit 2001 kaum etwas verbessert.[1] Diese *Philosophie der Sensation*, wie Christoph Türcke[2] das Phänomen bereits 2002 nannte, drängt auf die Vorstellung von Bildung als einem technischen System, damit sich Hoffnung einstellt, durch immer intensiveres Feilen an den unterdimensionierten Zahnrädern alle Schwachstellen ausmerzen zu können. Das Bildungssystem funktioniere nicht hinreichend effizient.

Der Output stimme nicht; Inkompetenz kennzeichne das Handeln der Verantwortlichen. So wird Bildung zu einem Vorgang umgelogen, dessen Qualität unabhängig von den teilnehmenden Individuen messbar sein muss. Deshalb wurde die *Kompetenzorientierung* allen Lernens eingeführt. Frank Schirrmacher nannte den Messbarkeitswahn bereits vor zehn Jahren in seinem Buch *Payback* „Die Verwandlung des Menschen in Mathematik".[3] Nun ist die neue Katastrophe: Es hat anscheinend nichts genutzt. Der anhaltende PISA-Schock versetzt die Mitte noch immer in Panik. Zwanzig Jahre Panik zermürben die sonst so erfolgsverwöhnten Deutschen, sind aber eine Gewohnheit geworden, die man braucht. Der Bildungsforscher Heiner Bartz erklärt die vermeintliche Ineffizienz aller aus der Panik erwachsenen Werkzeuge in einem Interview so[4]:

tagesschau.de: Zwar schneiden deutsche Schüler bei der aktuellen Erhebung nicht mehr so schlecht ab wie beim allerersten PISA-Test im Jahr 2000. Dennoch gehen die Leistungen in allen getesteten Bereichen wieder zurück. Warum ist das so?

Heiner Barz: PISA ist kein Instrument mit hundertprozentiger Messgenauigkeit. Deshalb muss man an die Ergebnisse, gerade wenn es sich hier um ein paar Punkte hoch oder runter dreht, eine ganze Reihe von Fragezeichen machen. Ob diese Ergebnisse wirklich so aussagekräftig und interpretierbar sind, dass man daraus Schlussfolgerungen für das deutsche Bildungssystem ziehen kann, bezweifeln viele Experten inzwischen.

tagesschau.de: Das heißt, die Schwankungen, die wir seit 2000 sehen, haben überhaupt nichts zu bedeuten?

Barz: Zumindest muss man damit sehr vorsichtig sein. Man kann aus geringfügigen Unterschieden natürlich dramatische Unterschiede machen. Man kann auch von *alarmierenden Zahlen sprechen. Man kann vom neuen PISA-Schock sprechen, wie manche Kommentatoren das jetzt tun. Man kann aber auch fragen, inwieweit die Messmethode, die Art der Stichprobenziehung und die Auswahl der schulischen Bereiche, die bei PISA erfasst werden, tatsächlich aussagekräftig für das Bildungssystem eines Landes sind. Meines Erachtens werden die Ergebnisse überinterpretiert.*

Wir haben uns eingerichtet im Katastrophenmodus. Man fordert ‚Erfolge' des Bildungssystems: Ranking-Plätze zum Beispiel oder perfektes Home-Schooling. Wenn die sich nicht einstellen, erörtert man die Aussagekraft von Messverfahren oder macht noch größere Geldsummen für Geräte locker. Ob der Wert der Bildung das mündige, selbstbestimmte Individuum oder die mit brauchbaren Kompetenzen ausgestattete Fachkraft ist, ist angesichts notwendiger internationaler Vergleiche ein nachrangiges Problem. Darüber zu diskutieren, welchem Wert das Reparaturhandeln verpflichtet sein oder wie Bildung überhaupt verstanden werden könnte, ist in einer Welt der Optimierung von Output-Systemen zwecklos. Kybernetische Bilder von Bildung thematisieren nicht Haltung (Streben nach einem Wert) oder Erkenntnis, sondern Funktionieren. Doch der Schein dieses Erfolgs – dass also Funktionieren funktioniert – wird mit einer Seelenlosigkeit des Lernens erkauft, in der die Rolle der Persönlichkeit für die Qualität von Bildung gar nicht mehr vorkommt. Die Entindividualisierung des Bildungsbegriffs bedeutet letztendlich, dass Bildung nicht begriffen wurde. Ihr wird stattdessen mittels veränderter Performanz des Lernens Qualität zugeschrieben. Aber Simulation von Bildung ist keine Bildung, sondern politischer Aktionismus. Er wird so lange durchgesetzt, bis man ihn für pädagogische oder fachliche Qualität hält. Jedermann kann diese vermeintliche Qualität in kompetenzbasierten Plänen für Kindergärten, Schulen und Universitäten nachlesen. In Universitäten sind sie seit der Bologna-Reform in ‚Module' gegliedert.

Doch die Klarheit täuscht: Zielen Kompetenzen nun auf eine Wertkategorie (der gebildeter Mensch?) oder sind sie ein zweckgebundenes, ‚brauchbares' Konzept (z.B. Lebensbewältigungstechniken)? Die Arbeitsschritte kompetenzorientierten historischen Lernens zum Beispiel fungieren in den fachdidaktischen Modellen als Aufklärungsstufen (z.B. Darstellungstechniken erkennen, Erzählungen dekonstruieren). Nur selten gestalten sie sich auch als Bildungsprozesse, zum Beispiel wenn eigene Werte für den Umgang mit Geschichte entwickelt werden: Wie sähe ein *angemessener* Umgang mit historischen Verbrechen, mit dem Holocaust, aus? Wo verläuft die Grenze zwischen Aufklärung und einem voyeuristischen

‚Histourismus'? Verstehen basiert immer auf der Individualität historischen Denkens, die das Geschichtsbewusstsein des Lernsubjekts über Deutungen, Parteinahmen, Urteile, Identifikationen, Folgerungen, Orientierungen konstituiert.[5] Es enthält eine existenzielle Ebene der Reflexionen, nicht bloß eine technisch-methodische. Versuche, den *lebenstüchtigen* Menschen zu *erzeugen* und ihn an die Stelle des *gebildeten* Menschen zu setzen, ignorieren, dass jedes Erkennen und Verstehen an die Individualität des erkennenden Subjekts gebunden ist. Bildung liegt nicht in einer Arbeitstechnik oder Vorgehensweise wie dem Sezieren von Sachverhalten, sondern in einer Erkenntnissuche des einzelnen Lernenden. Ob Individuen ein Heureka-Erlebnis haben, lässt sich nicht vermessen. Es ist kein Zustand, der automatisch aus planbaren Arbeitsformen erwächst. Bildung korrespondiert mit *individuellen*, einzigartigen Weltzugängen und ist deswegen nicht operationalisierbar. Was PISA misst, ist Können, aber keine Bildung, auch wenn die erregte Gesellschaft diese Begriffe synonym setzt. Persönlichkeitsschablonen sind auch keine Persönlichkeiten, sondern das Gegenteil davon. Max Weber sprach einst von einem ‚mächtigen Kosmos der modernen Wirtschaftsordnung, der heute den Lebensstil aller einzelnen, die in dieses Triebwerk hineingeboren werden ... mit überwältigendem Zwang bestimmt, bis der letzte Zentner fossilen Brennstoffs verglüht ist'. „[Seine] Metapher vom Identitätsgehäuse als einem ‚stahlharten Gehäuse der Hörigkeit' transportiert, dass die Moderne nicht nur durch eine Emanzipationsgeschichte geprägt ist, sondern immer auch das repräsentiert, was der Begriff Sub-jekt von seiner Sprachwurzel [her] ausdrückt: ‚Unterwerfungen'."[6] In dem Arbeiten von Politik und erregter Gesellschaft an der Simulation von

Bildung – mit schablonisierter Operationalisierbarkeit, Vermessung, Entindividualisierung und Output-Orientierung ihrer Prozesse – wird dieser Fehler der Moderne in der verordneten Pädagogik des Bildungssystems wiederholt: Bildung wird nicht als Identitätsarbeit von nach Erkenntnis suchenden Individuen verstanden, sondern als eine gesellschaftliche Effizienzschablone. Der polnisch-britische Soziologe Zygmunt Baumann meinte dazu 1997: „Identität ist niemals zum Problem geworden; sie konnte überhaupt nur als Problem existieren."[7] Bildungsarbeit ist demnach vor allem eine originale Arbeit der Lernenden an ihren Identitätskonstruktionen. Deren unhintergehbare Situationsbezüglichkeit verbietet es, sie auf einen funktionierenden Wissenstransfer in einer gesellschaftlichen Effizienzschablone zu verzwergen.

Die Simulation von Bildung legt das Messer an zweihundert Jahre humanistische Bildungstradition. Da sie weder an Werten ausgerichtet ist noch das Bildungssubjekt respektiert, darf man sie getrost als *Bildungsshow* bezeichnen. Diese Bildungsshow ist geisterhaft. Ohne Wurzel und ohne orientierende Referenz setzt sie auf reproduzierbare Formate von Lernen, auf eine Bildungstechnologie, die das Wesen der Lernsubjekte aus ihren Vorgängen und Abläufen verbannt hat. Die Anatomie der Bildungsshow sollte man kennen, wenn man als Lehrer oder Schüler nicht unwillkürlich eine ihrer Hauptrollen spielen will. Der Pädagoge Karl-Heinz Dammer hat diese anatomische Technologie von Lernen in einem Interview mit der „Wirtschaftswoche" so beschrieben: „Selbststeuerung ist ein Begriff aus der Kybernetik, bezieht sich also ursprünglich auf technische Systeme, die mit einer entsprechenden Programmierung und bestimmten Zielvorgaben technische Prozesse ohne weiteres menschliches Zutun abwickeln können. ...Mit diesem Begriff (Kybernetik) wird Lernen zu einem technischen Vorgang erklärt, der sich auf der Basis von Vorgaben präzise selbst steuert. ...Darin zeigt sich auch ein problematisches Menschenbild. ‚Selbstgesteuert' als technische Metapher bedeutet, dass die Schüler sich aus eigenem Antrieb Fremdsteuerung unterwerfen...."[8] Lernen ist dann nichts Eigenes mehr, sondern Lernräume und Bildungsprozesse sind zu einer geisterhaften Welt der Abläufe mutiert, die das Lernsubjekt zur Ohnmacht verdammen können.

2. Die Umdefinierung von Können

Kompetenzen

Eine zivilisierte Gesellschaft umtreibt die Frage, was ihr etwas wert ist; für was sie steht? Sind es Rechte des Einzelnen oder ist es wirtschaftlicher Wohlstand für alle? Die Kreativität ihrer Bürger? Kulturelle Vielfalt? Werte wie Freiheit, Solidarität oder das Allgemeinwohl? Die Gleichwertigkeit der Menschen unabhängig von Herkunft, Hautfarbe oder sexueller Identität? Disziplin, verstanden als Tugend, die einem guten Wert verpflichtet? Mit Disziplin kann ja bekanntlich, wie Oscar Lafontaine meinte, Geige spielen lernen, oder ein KZ führen. Oder könnte Bildung einer Gesellschaft etwas wert sein?

In der Schule sind solche Ideen – übergeordnete Wertmaßstäbe, nach denen man strebt – verschwunden. Die Persönlichkeitsentwicklung muss stattdessen messbar sein. Das *Können*, in dem sie sich zeigt, soll einem vorgegebenen Raster genügen. Dazu wurden in den Bildungsplänen Kompetenzen formuliert, die mal methodisches Vorgehen, mal fachliches Arbeiten, mal die Kenntnis inhaltlicher Zusammenhänge aufzählen. In ihren vorgefertigten Erkenntnisoperationen wird das individuelle Denken seziert und in eine utilitaristische Anwendung verwandelt – bis es einen Zweck in der Erkenntnisschablone erfüllt. Alles, was eine geisteswissenschaftliche Reflexion ausmacht – eine eigene Beziehung zum Lerngegenstand aufzubauen, Handlungen von Menschen als eine eigene Möglichkeit zu denken sowie seine Reflexionen mitsamt ihren Apriori von einem exzentrischen Standort aus zu beobachten – ist in Kompetenzrastern nicht vorgesehen. Dort geht es um einen erwünschten Umgang mit Inhalten. Mit solchen Rastern wird das anonyme Kompetenzkind erstellt. Es geht also gar nicht um Individualität im individuellen Lernen, das ja ohnehin nur ein Erreichen der Kompetenzen im individuellen Tempo meint. Es muss viel drastischer formuliert werden: Man will einen bestimmten Menschen haben. Das ist würdelos. Es ist auch der Bildung in einer Demokratie nicht würdig.

Wenn der Pisa-Alarmismus deutschen Schülern wieder einmal Mittelmaß attestiert, werden noch mehr *Kompetenzen* formuliert und noch mehr *Raster* erstellt. Mit diesem Ausdruck der Verzweiflung darüber, dass die Klarheit der Ansprüche nicht genügend Qualität ins System zurückgebracht hat, entfernt man sich immer deutlicher von dem, was Bildung heißt. In der neuen Funktionärskultur ist niemand mehr für etwas verantwortlich. Es geht darum, Vorgaben zu erledigen. Man kümmert sich nicht um die Folgen seines Handelns, sondern um seine Pflicht. So werden Verantwortung und Pflicht eins. Nicht mehr, dass man ein Mensch, eine Persönlichkeit wird, ist der assoziierte Bildungswert in unseren Schulen, sondern, dass man in den Mechanismen und Feldern des Kompetenzrasters funktioniert. Erkenntnisleitende Interessen, die Lernen tragen, erscheinen angesichts der überpräsenten Kompetenzpflicht nutzlos.

Ein kleines Beispiel soll das verdeutlichen. Im gemeinsamen Bildungsplan der Sekundarstufe I steht für das Fach Geschichte als „Mittleres Niveau" am Übergang zur Neuzeit folgende Kompetenz: *„Grundideen der Reformation darstellen und ihre politischen Folgen erklären: Reformation z.B. Territorialstaat, Konfessionalisierung."* Im „Erweiterten Niveau": *„Die Reformation als Umbruch charakterisieren und ihre politischen Folgen erklären: Reformation, Bauernkrieg, Reich, Territorialstaat, Konfessionalisierung, pax universalis."*[9]

Ist das Überblickswissen oder Kompetenz? Offensichtlich darf man erst auf dem Gymnasium denken und historische Sachverhalte bewerten, aber nur in den Erkenntnisgrenzen, die das Raster setzt. Lehrer könnten mit ihren Schülern stattdessen unterschiedliche Bilder von Luther zeichnen und fragen, welches davon die Wahrheit zeigt – z.B. „Missionar", „Volksverführer", „erster Demokrat seit dem Mittelalter", „Freiheitskämpfer", „Ideologe", „Sektenführer". So würden sie verschiedene Erzählmöglichkeiten über die historische Figur metaphorisch erörtern, statt die auf einem behaupteten historischen Fortschritt aufbauende Meistererzählung einfach zu übernehmen. Doch bereits dieses einfache alternative Vorgehen ginge über die im Bildungsplan formulierte Kompetenz hinaus. Politische Auswirkungen der Reformation wären nämlich nicht mehr als zwingend eintretende Geschehensfolge darstellbar, und das historische Bild der Reformation würde schillernd. Man könnte es auch anders als einen Umbruch in der Verlaufsgeschichte zeichnen. Auf diese Art würde man implizit danach fragen, was Wissen eigentlich ist? Man würde an die Stelle des Wissens, welche Bedeutung Luther für die neuzeitliche Geschichte oder die Gegenwart (hatte) hat, eine Frage setzen: *Wer war Luther wirklich?* Ideen, Prinzipien und Werte würden nun in einem Diskurs verhandelbar: Wie viel Radikalität verträgt der Freiheitskampf? Wo ist die Grenze zwischen Umbruchwille und Verblendung? An welcher Stelle verwandelt sich das religiöse Anliegen in eine politische Agenda? Wie häufig sind Ideen in der Geschichte mächtiger als politische oder soziale Machtstrukturen? Es stünden solche *Lebensfragen* in der Mitte einer Erkenntnissuche. Statt also eine vorgefertigte Erkenntnis zu vermitteln („Umbruch"), würden Begriffe in die Waagschale geworfen und reflektiert: Wie ist ‚Umbruch' denn zu verstehen? Was genau könnten Kriterien für Fortschritt in dieser Zeit sein? Ist Autorität eine Art des Auftretens (der historischen Figur)? Die Fragwürdigkeit unserer Begriffsverwendung würde zu einem Unterrichtsinhalt. Es muss im Unterricht *erlebbar* werden, wie schwierig es ist, Sacherhalte und ihre Bedeutungen sprachlich angemessen zu reflektieren und zu beschreiben. Schule muss Bedeutungshorizonte eröffnen, nicht erwünschte Erkenntnisse vermitteln. Lernen ist ein Prozess des Aushandelns von Bedeutungen, nicht die Aneignung davon, was andere für Wissen halten. Nur dann kann individuelle Erfahrung zu einem Bestandteil des Lernprozesses werden. Individuelles Lernen ist eben nicht mit der Kategorisierung des Denkniveaus und der Diversifizierung von Lerntempi hinreichend beschrieben, um die Lüge, auf die man sich geeinigt hat – wie

Napoleon die Geschichtsschreibung titulierte – zu verinnerlichen.

Viele Veröffentlichungen im Lutherjahr haben sich mit dem Bild von Luther in unserer Gesellschaft beschäftigt. Nur der Wissensplan der Kompetenzschule simplifiziert das Spannende um diese Figur auf eine rationalisierbare, weil kausal-lineare Geschehensabfolge. Dadurch verflacht die Bildung: Es wird nicht mehr gründlich und erlebbar über *echte* Fragen reflektiert; es werden keine Bedeutungen historischer Sachverhalte und Figuren verhandelt. Erkenntnis scheint in und mit der Geschehensabfolge abschließend offen gelegt. Die Kompetenzen in diesen Rastern haben weder viel mit (fachlichem) Denken noch mit der Suche nach Erkenntnis zu tun, auch wenn die Kategorien fachlichen Denkens wie Frage-, Methoden-, Reflexions- oder Orientierungskompetenz dort stehen. Doch bereits Frage- und Reflexionskompetenz sind in den Formulierungen einzelner Kompetenzen auf Reproduzier- und Erklärbarkeit verengt und folgen einem Vermittlungsduktus: Auch die ‚richtige Erkenntnis' wird vermittelt. Daran sieht man, dass es in den Kompetenzrastern der Schule oder in dem, was in ihnen von den Kompetenzen fachlichen Arbeitens und Denkens domänenspezifischer Didaktiken übrig geblieben ist, nicht um Bildung geht, sondern um messbare Enkulturation. Nicht die Ausrichtung am Individuum, sondern an gesellschaftlichen Relevanzen trägt dieses Konzept. Verstehen ist in den ‚Rastern' identisch damit, Kenntnisse über kausale Zusammenhänge zu erlangen bzw. über diese ‚Bescheid zu wissen'. Die Suche nach einer *echten* Erkenntnis geht dem nicht voraus. An die Stelle dieser Suche ist die *gute Präsentation* getreten, also die Performanz eines vermeintlichen Wissens: Digital, strukturiert, knapp und verdichtet auf das Wesentliche. So hat man dazu beigetragen, dass danach alle *Bescheid wissen*: Bildung als Ware, eingequetscht in die Optionen eines Verarbeitungsprogramms. Versuche, dialektische oder dynamische Prozesse in den Stichwortschritten einer Powerpoint darzustellen: Unmöglich. Spiegelstrichdenken kann Prozesshaftigkeit nicht abbilden.

Schule ist zu einem Ort geworden, an dem kleine Individuen passend gemacht werden für Kompetenzschablonen, bis sie Kompetenzschablonenfiguren geworden sind. Konstruktivismus, reformpädagogische Modelle wie „Material", „Interaktion" oder „Projekt", das Gespräch als erlebbarer Ort der Entstehung von Wissen – alle Meilensteine der Pädagogik sind aus dem Kompetenzbegriff der Bildungspläne verbannt, weil sie nicht operationalisiert werden können. Die kybernetische, also maschinentechnisch gedachte Doktrin der Kompetenzraster entlarvt den

Begriff *individuelles Lernen* als Euphemismus, als Lüge, als erregten Daueralarm. So, wie Michel Foucault vorgeworfen wurde, er ‚töte' mit seiner Geschichtstheorie das Subjekt in der Geschichte, ist Schule trotz individuellen Lernens eine mittlerweile weitgehend subjektlose Veranstaltung. Statt Schüler zu Meistern des Denkens werden zu lassen, wird in normativen Rastern aufgezählt, welche Kompetenzen trainiert oder vermittelt werden sollen. Doch kategoriales Aufzählen erreicht selten intellektuelle Qualität; Operationalisierbarkeit und Sezieren von Denken sind keine Synonyme eines Aufbruchs zum Besseren. Sie sind Ausdruck einer Technokratie, die an allen Stellen des Bildungssystems Menschlichkeit, Individualität und Reflexion verdrängt oder vereinnahmt hat, um das Märchen des *kompetenten Menschen* digital zu erzählen.

Seiner Pflicht zu genügen anstatt Mut zu entwickeln selbst zu denken, ist auch das Handlungsprinzip in der Ausbildung junger Lehrkräfte geworden. Als Kompetenzdissidenten von heute haben sie keine eigene (Bildungs-) Agenda. Sie sind Funktionäre der Kompetenzschablonen, sogenannte ‚Kompetenzmanager'. Nur dafür stehen sie. Man könnte sie als Neutren sehen, die man beliebig austauschen kann. Lernbegleiter bedeutet in Wahrheit, ein technokratischer Schablonenerfüllungsgehilfe zu sein: Wenn sie das *Raster* besonders akribisch erstellen, gibt es keine Probleme bei der Verbeamtung. Besonders freudig kommentieren sie die FFF-Demos ihrer Schüler, weil sie denken, dass die etwas machen, was ein Technokrat niemals gewagt hätte, aber das ist nur die Projektion ihrer Sehnsucht, frei zu sein. In Wahrheit funktioniert ja FFF genau wie die Bildungs-Show: Verflachung wird als Können verkauft; die moralische

Monstranz der ‚guten Sache' wird als Ausdruck demokratischer Kompetenz fehlgedeutet. Überhaupt müsste es die jungen Lehrkräfte irritieren, wenn ‚die Sache' über Recht und Werte und die Auseinandersetzung mit Kritik gesetzt wird, doch der Rückschluss vom äußeren Erscheinungsbild auf die Substanz der Aktion ist ihnen von dem Kompetenzraster bereits vertraut. So loben sie ein System, das sie selbst als Gefangene hält. Sie wurden Marionetten der Inszenierung, während sie glaubten, ihrer Sehnsucht folgen und über sich selbst bestimmen zu können.

Dabei könnte man meinen, dass Lehrer nicht nur studieren, um Arbeitstechniken und Erkenntnisverfahren ihres Faches zu beherrschen, sondern auch, um sich Gedanken über die Philosophie des Lernens in diesem Fach zu machen: Nicht nur methodisch, sondern aus einer fachlichen Metaperspektive heraus. Das heißt, dass Sie Theorien bzw. Philosophien über

Möglichkeiten des Denkens in ihrem Fach kennen und beherrschen sollten. In Geschichte wären das zum Beispiel:

Historismus: Alles geschichtliche Geschehen ist in seiner geschichtlichen Gewordenheit und seiner Einzigartigkeit zu betrachten: In Politik, Kultur, Sprache usw. Um diese herauszufinden, ist z.B. Quellenstudium wichtig.

Hermeneutik: Geschichte versteht man, indem man die Sinnkonstruktionen von Individuen aus deren Texten (Reden, Tagebücher usw.) rekonstruiert,

Max Weber: Man muss begriffliche Idealtypen herstellen, um eine Reflexionsgrundlage über Zusammenhänge zu erhalten, oder

Michel Foucault: Die Diskursmacht verweist auf die tatsächliche politisch-gesellschaftliche Macht, nicht die Machtstrukturen.

Diese Metaebene enthält Perspektiven auf die Erkenntnissuche in dem Fach: Wie kann man Geschichte denken? Die unterschiedlichen Denkmöglichkeiten würden die Vorläufigkeit aller Erkenntnis und allen Wissens verdeutlichen. Unterricht bestünde darin, Denkmöglichkeiten zu verhandeln im Hinblick auf ihre Vorzüge und Nachteile für eine Erkenntnis, nicht darin, fertige Erkenntnisse zu vermitteln und das Wissen darüber Kompetenz zu nennen.

Das Theaterstück der Kompetenzmarionetten ist kein Improvisationstheater. Alles ist bis ins Detail choreographiert. In seiner immer engmaschigeren Auslegung von Bildung sind Kompetenzen die Muster der Choreographie, und Schüler wie Lehrer sind Ausfüllende und Statisten zugleich. Obwohl die Akteure dieser Show Funktionäre sind, trägt die Pflicht zur Aufrechterhaltung der Show totalitäre Züge. Kein Einspruch wird geduldet; die Selbstimmunisierung des

Denksystems klassifiziert Menschen in Bannerträger (sic!) und Bedenkenträger, in solche, die ‚es verstanden haben' und solche, die ‚ewig Gestrige' sind. Früher, in den 1970er oder 1980er Jahren, gab es sehr viele ‚linke' Lehrer, die eine politische Agenda hatten, an der man sich reiben konnte. Und sie ließen das zu. Die Kompetenzsysteme, die die Bildungs-Show der sich *weiterentwickelnden* Schule aufrecht erhalten, erscheinen dagegen totalitär. Ihre Funktionäre dulden keinen Widerspruch, sonst würde das Funktionieren ja nicht mehr funktionieren. Auch die ‚Bedenkenträger' sollen sich gefälligst *weiterentwickeln*. Bereits das Okkupieren dieses Begriffs ist Teil der Strategie einer sich selbst immunisierenden Sprache, die auch die Bildungs-Show immunisiert. Denn auf die Idee, dass die Kompetenzagenda inzwischen religiöse Züge enthält oder eine ideologische Modernitätsdoktrin verkörpert, können Funktionäre nicht kommen, weil sie ja innerhalb der Begrenzungen des Systems reflektieren, ohne sich selbst zu beobachten.

Die Bildungs-Show ist damit z.b. Ausdruck von Macht im System. Wenn die Fassade bröckelt, zerfällt die Macht. Wie viele Funktionäre sind auf der Kompetenzwelle in ihre Ämter gekommen? Geht es hier noch darum, dass sich Schüler zu Persönlichkeiten entwickeln? Man stelle sich eine große Autobahnbrücke vor, die auf Pappstelzen gebaut wurde, aber sehr stabil und schön aussieht. So bekommt man eine Ahnung davon, in welchem Zustand sich das aufgehübschte Bildungssystem befindet. Aussehen war den Brückenbauern wichtiger als Stabilität; Applaus war wichtiger als der Ehrenkodex der Zunft. Das Publikum assoziiert die Schönheit mit Qualität. Die Bildungs-Show mag gut inszeniert sein und beruhigen. Aber in Wahrheit ist sie eine Trauerveranstaltung. Doch weil die Show immer weitergehen muss und neue Showelemente einbindet, fühlen sich die Trauergäste eher wie bei Helene Fischer, die singend in schwindelerregender Höhe schaukelt und alle in atemloses Staunen versetzt. Show verfängt. Faszination macht blind. Um das zu durchdringen, braucht man keinen kompetenzbasierten Unterricht, jedenfalls nicht den, der in den Bildungsplänen steht. Man braucht dazu ein wenig historisch-politische Reflexion und den Willen, selbst zu denken.

Digitalisierung

Das zweite Feld der Bildungs-Show ist die Digitalisierung. Hysterisch geben Politiker in Talkshows zum Besten, dass in den Schulen anderer Länder der Welt viel digitaler gelernt würde. Die seien „weiter", und man müsse jetzt „ranklotzen" mit Ausstattung und Umstellung. Deutschland brauche einen ‚nationalen Digitalpakt'. Aber was genau heißt „weiter"? Können die Schüler dieser Länder besser denken? Sind sie kreativer? Haben sie einen differenzierteren Umgang mit Informationen? Die vermeintliche Tablet-Show suggeriert eine Qualität des Lernens, die oftmals mit *schnellerem Zugang und Auffinden von Informationen, direktem Verbessern von Arbeiten am Bildschirm* oder *Zeigen von Arbeitsergebnissen für alle am Beamer* beschrieben wird. Ganz Vehemente führen noch den angeblichen Umweltschutz an. In keinem einzigen Gespräch mit Lehrkräften bekommt man Antworten, die sich auf eine fachdidaktische Verbesserung der Lernqualität beziehen. Das Tablet ist also ein Synonym für Fortschrittlichkeit, die sich in der Lernqualität nicht abbildet. Diese Verklärung einer Gerätepädagogik hat man im Silicon Valley abgestellt. Am größten Computer Think Tank der Welt gibt es Schulen, in denen kein einziger Computer steht. Mit Absicht. Es ist keine reaktionäre Verklärung einer Lernromantik, sondern entspringt pädagogischem Verantwortungshandeln. Schulen müssen die Gesellschaft nicht abbilden, über die in ihnen reflektiert wird. Die Tablet-Show ist Bildungsshow in pervertierter Form. Waren Lehrer vor dem Corona-Lockdown kompetent, wenn sie Virtuosen ihres Fachs waren und es verstanden haben, ihre Schüler mitzunehmen auf eine Reise durch das fachliche Denken, so gelten sie nach dem Lockdown als kompetent, wenn sie online sind und Knöpfe auf Bildschirmen drücken, um in Videokonferenzen Trivialitäten zu verbreiten. Denn das, worauf es im Lernen ankommt, ist im ‚Online-Unterricht' nicht sinnvoll zu praktizieren: Sinnkonstruktionen und Meinungen auszutauschen, Perspektiven zu wechseln, hermeneutisch zu arbeiten, Verweisungshorizonte aus Texten zu erörtern, Metakognitionen aufzubauen. Es braucht dazu kinästhetische Moderation, Möglichkeiten der Visualisierung von

Denkstrukturen, die Analyse von Argumentationsmustern in Texten. Wenn Karl Lauterbach in seinen fast täglichen Talkshowauftritten „guten Fernunterricht" fordert, dann soll er auch erklären, was das ist: Dass die Videokonferenz mal nicht abstürzt bei 28 Teilnehmern? Meint er das Funktionieren der technischen Kommunikation oder meint er das komplette Umstellen auf digitale Lernmodule, in denen man Antwortoptionen ankreuzt und es bei der richtigen Antwort piepst?

Es ist erbärmlich, dass Politiker denken, die Aufgabe eines Lehrers bestünde darin, Google-Wissen zu distribuieren, und das funktioniere technisch noch nicht reibungslos. Der lebendige Austausch im Gespräch kann durch eine Videokonferenz nicht ersetzt werden. *Fernunterricht* gibt es nicht. Es ist bloß *Scheißdreck mit Computer*. Eine *Smart Learning Suite Online App* von Microsoft macht die Sache nicht besser.[10]

Darin soll *interaktiver Unterricht auf Distanz* möglich werden mit *interaktiven, kollaborativen Unterrichtseinheiten*, die in Microsoft Teams geplant werden können. Doch der Begriff *Interaktion* ist nicht etwa auf Meinungsaustausch in oder Diskurs einer Lerngemeinschaft ausgelegt; er bezieht sich nicht auf kommunikative Konstruktionen zwischen Individuen, sondern darauf, dass Lehrer in der App „Wissensstände" abfragen und Feedback dazu geben können. Ein Prozess des Aushandelns von Bedeutungen fehlt. Die App ermöglicht Warenaustausch: Wissen gegen Feedback (stimmt, stimmt nicht). Eine Gesellschaft, die Lernen als bloße Übernahme von Inhaltswissen versteht und die technische Variante davon bejubelt, meint auch, dass Erklär-Filme als ‚Anleitungen des Wissens' das Lernen hinreichend abdeckten. Sie hat nicht verstanden, dass die Vorstellungen, die jemand zu einer Zahl, einem Begriff, einem historischen Ereignis aufbaut, viel essentieller für die Entwicklung der Persönlichkeit im Lernprozess sind. Die Addition von Zahlen, die man untereinander schreibt, ist ein technischer Vorgang. Ein Konzept über die Menge von einer Million zu entwickeln, hat hingegen etwas mit Größenvorstellung zu tun. Erst, wenn man die aufgebaut hat, kann man über die Verhältnismäßigkeit der Sozialleistungen mitreden oder seine eigene Steuerlast realistisch einschätzen. Vorstellungen über mathematische Konzepte müssten in Echterfahrungen relativiert und revidiert werden können, und das ist in der amputierten Kommunikation einer Videokonferenz nicht möglich.

Die Gefahr ist groß, dass das Verhandeln von Bedeutungen dadurch gänzlich aus dem Lernprozess herausfällt und Bildung zu einer trivialen Veranstaltung verkommt. Kausales und kategoriales Denken, was technisch leicht abgebildet werden kann, werden in ihr dominieren. In der digitalen Show geht es nur noch darum, dass die Aneignung von trivialem Wissen ein Design bekommt – sie soll spektakulär, pädagogisch wertvoll und innovativ sein oder gesellschaftlichen Werten wie Gleichheit und Gerechtigkeit genügen: Merkmalswissen, designt als Bildungsevent, versehen mit einer sozialen Referenz. Intellektuelle Anstrengung ist nun auf homöopathische Mengen geschmälert. Dabei wäre sie doch der Motor für jede Persönlichkeitsentwicklung.

Die Show des digitalen Lernens entgrenzt und entkernt den Bildungsgedanken im selben Moment. Das didaktische Arsenal, in dem sich die Bildung von Bildern bis Rollenspielen entfaltet hat, wird jetzt durch ein technisches noch größer. Die digitale Welt ist eine attraktive Repräsentation unserer Wirklichkeit, da in ihr unzählige Möglichkeit entstehen, Informationen auszuwählen und zusammenzustellen oder die so konstruierten Verhältnisse in ein bestimmtes Design bringen zu können. Unendlich viele Wirklichkeiten können geschaffen werden: Schlüssellochblicke oder Flugperspektiven – das, was im Fernsehen als ‚Schnitt' gemacht wird, kann jetzt jeder: Ein Märchen erzählen. Auswählen, Reduzieren, eine Architektur planen und designen sind an die Stelle der Erkenntnissuche getreten. Das Arbeiten an der Performanz der Dinge hat sich in der digitalen Welt multipliziert. Dieselben Mechanismen wie beim Beeinflussen, Lügen oder Propaganda betreiben werden nun positiv mit Lernen gleichgesetzt. Als mediale Kompetenz täuschen sie über die fragwürdige Aussagekraft der Show hinweg und verdoppeln zugleich das Gefangensein im Performativen: Zum einen, weil man glaubt, die Wahrheit der Dinge durch eine Aufzählung ihrer Merkmale erfassen zu können und zum anderen, weil man diesen Erkenntnisirrtum für die Adressaten auch noch besonders unterhaltsam und effizient gestaltet. Erkenntnis scheint in dem Design unabhängig vom erkennenden Subjekt zu existieren. Wie die technische Virtualität in einem Orgasmus der Kleingeistigkeit versinkt, sollte uns erstaunen. Wenn schon die Didaktik eine eigene Welt designt, so war vom Beginn ihrer Geschichte der Spiegel bei Comenius eine *pädagogische Metapher*. „Die Bildungswelt des Kindes muss so konstruiert werden, dass sie nicht die Oberflächlichkeit der Erscheinungen, sondern die Wirklichkeiten in ihnen zuverlässig spiegelt."[11] Was ist Schein, was Wirklichkeit? Diese Frage wird weder in Smart Learning Suite Apps noch im Fernunterricht handlungsleitend für die Beschäftigung mit einem Sachverhalt. Sie ist aber sehr wichtig für die Selbstbestimmung der Lernenden als Bildungsziel. Das Tablet erschließt den Kindern nicht die Welt, sondern eine programmierte Welt des enzyklopädischen Wissens.

Die Erscheinungen der Dinge zu ordnen (z.B. mithilfe von Digitaltechnik), ist aber keine Didaktik, weil ein Ringen darum, was der Wesenskern des Sachverhaltes sein und was dieser einem sagen könnte, dabei aus dem Lernprozess ausblendet bleibt. Sinn herstellen zu können – worum es im Lernen eigentlich geht – nimmt die Digitaltechnik dem Menschen nicht ab. Informationen zu Sinn zusammenzusetzen, ist eine anthropologische, keine technische Fähigkeit der Weltwahrnehmung. Dass die Wirklichkeit eine Konstruktion der Wahrnehmung ist, wenn sie sinnvoll sein soll, ist nicht nur das Hirngespinst von Konstruktivisten. Gehirn und Bewusstsein funktionieren immer durch transzendierende Konstruktionsprozesse.[12] Bei Computern geht es hingegen um Informationen, die ausgewählt und dargestellt werden. Digitales Lernen ist nun eine doppelte Bearbeitung der Welt: Erstens: Was programmiert wird.... Zweitens:

Enzyklopädie statt Sinn. Natürlich kann man, um Wissenschaft zu betreiben, digital komplexeste Rechenverfahren anwenden und Zukunftssimulationen erstellen. Aber als didaktisches Modell ist digitales Lernen – was begrifflich das Format und nicht die Erkenntnisprozesse beschreibt – ungeeignet. Wer dem digitalen Lernen Fortschritt oder einen Qualitätssprung des Lernens zuschreibt, ist über die Denkweise der Wissenschaften im 17/18. Jahrhundert nicht hinausgekommen. In *Zedlers Universallexikon* wurde das Wissen der Welt versammelt und sortiert. Es war die erste Festplatte der Geschichte, sozusagen die demokratisierende Innovation eines aufzählenden Wissensformats: Die Wissensillusion. War das ein Fortschritt gegenüber dem Bildungsverständnis der Antike? Wenn alle glauben, dass das Bildungsgeschäft wirklich Bildung sei, so wie in Platons Höhlengleichnis die Figuren in der Höhle die Schatten der Dinge, die

die vorbeilaufenden Menschen tragen, für die Dinge selbst halten, dann ist eine neue Realität entstanden: Das Spiegelkabinett. Wissen wird hin- und her gewälzt; es werden Abbilder von ihm gemacht, aber es wird nicht mehr reflektiert; eine humanistische Hintergrundidee wurde aufgekündigt. Eine Pädagogik, der eine grundlegende Orientierung fehlt, geht ihres eigentlichen Kerns verlustig; sie weiß nicht um die implizite Wertgebundenheit pädagogischen Handelns und verdrängt, was Menschsein eigentlich bedeutet. Statt zu fragen *Was ist der Mensch?* fragt sie nur noch: *Wie designe ich Wissen am effizientesten und unterhaltsamsten?* Sie hat nicht begriffen, dass man damit im Menschen nur das fördern kann, was mit dem Digitalgerät kompatibel ist.

Ein weiteres Beispiel soll die Qualitätsillusion der Digital-Show offenlegen - die Beschäftigung mit den philosophischen Ideen der Aufklärung: Naturrecht

(John Locke, Diderot), Gesellschaftsvertrag (Jean Jaques Rousseau), Gewaltenteilung (Montesquieu: Macht der Gesetze). Die Aufklärungsphilosophen machten eine entscheidende Frage zur Leitidee ihrer Theorien: Wie wollen wir leben? Soll man eine Abmachung darüber treffen? Eine unhintergehbare Voraussetzung allen Handelns formulieren? Oder die gegenseitige Kontrolle über die Einhaltung der Werte institutionalisieren? In allen Möglichkeiten artikuliert sich ein Verständnis von der Würde des Menschen. Diese Ideen hatten und haben eine enorme politische und historische Sprengkraft: Sie läuteten das Ende der Ausuferungen des feudalen Systems ein, von Ständedenken und aller Klassifizierung von Menschen. Aber sind sie auch praktikabel? Müssen Menschen vielleicht gebildet sein und die Verweisungshorizonte der Konzepte verstehen, um diese Ideen leben zu können? Gefährdet ein schlechter Charakter von Amtsträgern die Gewaltenteilung? Locke war Arzt und betonte die anthropologische Singularität allen Lebens. Rousseau und Montesquieu waren Anwälte und setzten stattdessen auf Vertrag und Gesetz. Ihre Ideen transportieren zwar die Würde des Menschen, fokussieren aber etwas Formales, das außerhalb des Individuums existiert. Wohnt der Gewaltenteilung also ein gewisses Misstrauen gegenüber dem Guten im Menschen inne? Zerstört dieses Abrücken vom Ideal die Universalität, die den Ideen als Wert vorausgeht?

Über Widerspruchsfreiheit, Praktikabilität und Zielgerichtetheit einer Werteorientierung zu reflektieren, eröffnet Horizonte der Wirklichkeit unseres gesellschaftlichen und politischen Lebens. Es geht darum, selbst zu denken. Man benötigt dafür keine Smart Learning Suite Online App, sondern seinen Kopf. Natürlich kann man mit der App seine Gedanken anderen übermitteln und mitteilen. Für die Gedanklichkeit selbst ist es aber irrelevant, ob man sie mit Bleistift oder Tastatur in Worte fasst: Der Diskurs darüber bleibt dann immer noch ein Desiderat. Man kommt nicht umhin, dass der Diskurs trotz der Möglichkeiten von ‚Feedback' in der App als *Erfahrungsraum* arrangiert werden muss, wenn Lernen mehr als Simulation sein soll. Deswegen ist die reflexive Auseinandersetzung mit den Ideen in echten Begegnungen, in die biographische Erfahrungen (z.B. von Herkunft und Sozialisation) einfließen, so wichtig. Bildung erschöpft sich nicht in der digitalen Organisation von Wissens-Schubladen. Wissen unterscheidet bereits von Information, dass es nicht unabhängig von Identität und Erfahrungen des Subjekts existieren kann.

Bildung bedeutet, die Begegnung mit Erscheinungen der Wirklichkeit gemeinsam zu reflektieren und dabei Erfahrungen machen zu können. Spannend wäre es, wissenschaftlich zu untersuchen, ob solche Erfahrungen in digitalen Kommunikationsräumen möglich sind. Das kann aber bezweifelt werden, weil die Intensität der Sinnkonstruktion mit zunehmender Entpersonalisierung der Kommunikation abnimmt.

Die digitale Show entschärft das Denken, weil sie eine totale Repräsentation der Wirklichkeit verheißt und selten eine Veränderung der Person zulässt. In ihrem aufzählenden Design haben Grauzonen keinen Platz, obwohl es ein Kern von Bildungsprozessen ausmacht, sie zu erörtern.

Deutlich wird das an dem Problem (z.B. in Kommentarplattformen), Hate Speech von Ironie oder überspitzter Kritik zu unterscheiden und damit Grenzen der Meinungsfreiheit zu erörtern. Fast jeder kennt das Bild, auf dem der Klimaaktivistin Greta folgende Worte in den Mund gelegt werden: „Ich trinke Jägermeister, weil das böse Kiffen zu viel CO_2 verursacht." Ist das Diskreditierung und Beleidigung eines behinderten Mädchens, das sich für Klimaschutz engagiert? Oder ist das ironische Kritik an einem Umweltaktivismus, der das eine Übel oft durch ein anderes ersetzt, z.B. Verbrennungsmotoren durch umweltschädliche Batterien? Ist es bloß der Fatalismus des Kommentators, der es als ermüdend empfindet, dass ‚Leben' inzwischen böse und Klima neue Religion sei? Deckt das Recht auf Meinungsfreiheit, das auch das Äußern sehr dummer Meinungen schützt, diesen Kommentar? Wer entscheidet, ob dieses Problem moralisch, politisch oder rechtlich betrachtet werden soll? Soll Facebook das löschen, weil es als eine Beleidigung interpretiert werden kann, selbst wenn das Recht auf freie Meinungsäußerung auch satirische und überspitzte Äußerungen einschließt? Jedem muss klar sein: Freiheitsrechte sind unteilbar. Ein bisschen Freiheit gibt es nicht. Moralische Grenzen der Freiheit zu formulieren, sieht die Verfassung nicht vor – das gilt auch für die Verwendung grenzwertiger Begriffe als politische Metaphern („Politbüro"?). Respekt ist in ihr nicht priorisiert gegenüber Freiheit, es sei denn, es geht um Beleidigung. Aber natürlich möchte auch niemand eine Gesellschaft, in der Spaltung, Respektlosigkeit oder Diffamierung die Kommunikation prägen. Ab wann ist es denn nun Diffamierung, und ab wann ist es noch Kritik? Wenn zu schnell Diffamierung gesagt wird, ist die Freiheit rasch verschenkt und als Rechtsgut bedeutungslos. Aber Ehre ist auch ein Rechtsgut; sie verweist auf die Würde des Menschen. Jetzt kann man Rechtsgüter abwägen: Ehre oder Freiheitsrecht? Oder man erörtert, was mit einer Gesellschaft passiert, wenn an die Stelle des Rechts die moralische Verpflichtung tritt? Wären das schon faschistoide Züge, Individuen dazu zu bringen – weil das als soziale Verantwortung verstanden wird – sich moralischen Werten der Gemeinschaft zu verschreiben und die Freiheit des Einzelnen nicht mehr für sich zu reklamieren? Was hieße dabei „Verantwortung des Einzelnen"? Konterkarierte eine zu ethische Definition dieser Verantwortung etwa die Fokussierung der Demokratie auf die Freiheit des Individuums? Man sieht, wie schnell Wissen darüber, dass es in Demokratien ein Recht auf freie Meinungsäußerung gibt, obsolet wird. Man kann Problemfelder wie die Frage, ob die Geschichte der Emanzipation des Individuums durch Politische Korrektheit (die ja eigentlich auf den Schutz der Individualrechte zielt) entwertet wird, schlecht digital diskutieren. Denn die Erörterung *Recht oder Moral?* ist ein immer komplexer werdendes holistisches Gebilde; sie ist nicht mit einer Aufzählung der Rechte und deren enzyklopädischen Bedeutungsbeschreibung erledigt. Es geht, wie der Philosoph Jaspers das meinte, um Grenzerfahrungen der Teilnehmer, die selbst nach Grenzen von Ideen und Werten suchen. *Das Ganze lehren* heißt, nach den Grenzen zu suchen, und diese Suche ist fluide, genau wie die Grenzen je nach Betrachtung andere sein können. Aber digitale Geräte sind Rechner mit Prozessoren, die ihre binäre Verarbeitung der Informationen auch in die Kommunikation tragen. Ihre Grenze ist die binäre Struktur, mit der sie Vorgänge organisieren. Die kann man nicht diskutieren, denn sonst funktioniert der Rechner nicht.

3. Die Simulation von Lernen

Moralische Konditionierung

An etlichen Bahnsteigen hat die Deutsche Bahn gelbe Quadrate aufbringen lassen. Wer rauchen möchte, muss in einem Quadrat stehen. Das schützt zwar niemanden, aber jeder sieht, dass sich die Bahn um die Gesundheit ihrer Fahrgäste kümmert. Gesundheitsschutz wird simuliert, indem ein Symbol dafür erfunden und für jedermann sichtbar in Szene gesetzt wird. Gleichzeitig zwingt es die Leute, sich moralisch einzuordnen.

Eine Lehrerin hält eine Politik-Stunde zum Thema Cyber-Mobbing. Sie lässt ihre Schüler Opfer-Perspektiven einnehmen und möchte so die moralische Verwerflichkeit der Mobbing-Aktionen eindringlich aufzeigen. Neben der Tränendrüse als Unterrichtsprinzip und dem Begriff Empathie als Rechtfertigung für das Fehlen einer politischen Frage stellt der moralische Duktus jede Erkenntnissuche über das soziale Hintergrundkonstrukt von Mobbing in den Schatten. Diese Schülerorientierung verdient wohl eine Bestnote. Ob sie wenigstens Mobbing verhindert oder ob die Schüler peinlich berührt wurden über die Hilflosigkeit einer Lehrerin, die kein Meister ihres Fachs geworden ist? Wahrscheinlich führt die Empathie-Übung nicht zu politischer Reflexionsfähigkeit, aber jeder sieht, dass sich die Lehrerin um politische Werteerziehung kümmert. Bildung wird simuliert durch das In-Szene-Setzen einer moralischen Konditionierung. Sich politisch und moralisch korrekt zu verhalten, ist die religiöse Instanz der Gegenwartsgesellschaft.

In beiden Beispielen wird mit der Performanz eines Phänomens gespielt (Gesundheitsbewusstsein; Konfliktfähigkeit). Es wird so getan, als ob man etwas tut.

Diese aktionistische Substanzlosigkeit kommt dadurch zustande, dass keiner die Begriffe mehr gründlich durchdenkt. Was wäre denn politische Bildung: Zum Beispiel der Frage nachzugehen, wann die Freiheitsrechte des Einzelnen und wann das Allgemeinwohl eine angemessene Grundlage für politische Entscheidungen sind (ist)? An welchen Stellen divergieren das Recht und das Gerechtigkeitsempfinden und worin liegt das begründet? Wann und wie haben sich Kommunikationsstrukturen und in diesen Mentalitäten der Gesellschaft entwickelt, die intuitiven Anstand und Respekt aufkündigten? Wie verhalten sich in unserer Demokratie die Würde des Menschen und das Grundrecht auf freie Meinungsäußerung zueinander? Kann der Mobbing-Begriff, der ja nicht eindeutig definierbar ist, eine handlungsleitende Autorität beanspruchen? Würde uns eine Suche nach Kriterien oder Grenzen, bei bzw. ab denen man von Mobbing sprechen kann, weiterbringen oder existiert das Phänomen nur als subjektiver Eindruck, der ernst genommen werden muss? Ist Mobbing letztlich gar nicht operationalisierbar? Würde man diese Frage politisch anders beantworten als psychologisch? Ist unsere Gesellschaft vielleicht hypersensibel geworden und verwendet Begriffe wie Nazi, Rechter, Terrorist, Mobbing immer inflationärer? Jeder fachliche Lernprozess ist auch ethische Bildung. Die ist jedoch nicht als Formung der Schulgenossen zu verstehen, sondern in ihr wird die Angemessenheit der Interpretation unserer gesellschaftlichen Werte reflektiert. Zum Beispiel bei Ernährungsampeln: Wie viel Nanny-Staat verträgt die Demokratie? Aber wenn nur noch moralisch erzogen wird, ohne hinter das Phänomen zu blicken, dann nennt man das Konditionierung. Auch zu einem toleranten Verhalten kann man Menschen konditionieren (abrichten?). Das ist aber

Überwältigung und hat mit Persönlichkeitsentwicklung im demokratischen Wertesystem nichts zu tun. In einer Demokratie werden Spannungsverhältnisse – zwischen Sicherheit und Freiheit, zwischen Solidarität und Entfaltung der individuellen Persönlichkeit, zwischen Individualrechten und Allgemeinwohl – immer wieder neu gestaltet, und zwar mit Blick auf die Selbstbestimmung der Individuen und nicht durch eine Vorherrschaft von Moral. Die Ethik von Bildung liegt nicht in der Autorität einer Moral, sondern in der Identitätsarbeit der Lernenden. Sie manifestiert sich in der Ausrichtung daran, dass man *ein Mensch* wird. Nur Menschen können sinnverwiesen denken, Identität konstruieren oder sich mental transzendieren. Erziehung und Bildung sind eine große humane Aufgabe, über die die Totalplanung der Vermittlung von Wahrheiten nur Unheil bringen kann. Denn „wo

Planen und Wissen ... unwillkürlich selber Zweck werden, da verwandelt sich Erziehung zu Abrichtung."[13]

Der Philosoph Peter Bieri beschreibt diesen Unterschied so: „Auch wenn meine Innenwelt aufs engste verflochten ist mit dem Rest der Welt, so gibt es doch einen gewaltigen Unterschied zwischen einem Leben, in dem jemand sich so um sein Denken, Fühlen und Wollen kümmert, dass er in einem empathischen Sinne sein Autor und sein Subjekt ist, und einem anderen Leben, das der Person nur zustößt und von dessen Erleben sie wehrlos überwältigt wird, so dass statt von einem Subjekt nur von einem Schauplatz des Erlebens die Rede sein kann. Selbstbestimmung zu verstehen, heißt, diesen Unterschied auf den Begriff zu bringen."[14] Moralische Konditionierung nimmt Individuen die Möglichkeit, aus einer inneren Distanz heraus das eigene Erleben zu bewerten und sich dadurch in ihrer Persönlichkeit zu entwickeln.

Der Zweck der Schule sind aber die Schüler, die über sich selbst bestimmen lernen, keine politische Agenda, keine Erziehung zum Funktionieren und keine Moraldoktrin. Bildung ist eine Lebensform und kein Verhaltenskodex.

Alle Ideologien, die in den letzten Jahrzehnten das Schulsystem zu ändern versuchten – der Methodenkult, das selbstorganisierte Lernen, die individuelle Förderung, der fächerübergreifende Unterricht, das neurolinguistische Programmieren, die Gender-Theorie usw. – führten am Ende dazu, dass Lernen keine echte Auseinandersetzung mehr mit den Problemen unserer Existenz war, sondern gleichgesetzt wurde mit der Simulation einer Problemlösung. Eine Suche nach Erkenntnis oder Wahrheit hat dabei selten stattgefunden. An dem beschriebenen Beispiel sieht man, dass Politikunterricht in der Erregungskultur nur noch als Instruktion auftritt, die aus einer vermeintlichen Verantwortung kommt, frei nach dem Motto: Sei ein Held, trag Maske! In welchem Verhältnis Freiheitsrechte und Gesundheitsschutz stehen sollen, wird gar nicht mehr erörtert.

Die ausschließliche Beschäftigung mit den Erscheinungen der Dinge führt direkt zu einer Simulation von Lernen. Denn die Wertungen dieser Erscheinungen stehen bereits fest; sie sind unumstößlich und nicht mehr verhandelbar. Eine Suche danach, was diese Erscheinungen wirklich bedeuten, erscheint überflüssig. Die Erkenntnis ist vorgegeben und soll nicht mehr kritisiert werden, sondern man soll ihr folgen. So, wie die Bildungspläne in ihren Kompetenzformulierungen feststehende Bedeutungen (z.B. von historischen Sachverhalten) vermitteln, suspendiert die moralische Konditionierung jede Persönlichkeitsarbeit, weil sie nur noch eine Welt zulässt, in der auch die Erlebnisse der Lernenden gewollt sind. Gewollte Erlebnisse herbeizuführen, ist nicht nur respektlos und unanständig. Es hat mit Lernen gar nichts zu tun. Es sieht nur so aus, als würden die Schüler lernen. Hat einer andere Fragen oder Wahrnehmungen oder verfängt die Betroffenheitsaura nicht, funktioniert er noch nicht als Kompetenzrasterfigur.

Simulation von Lernen tötet jede individuelle Wahrnehmung und jedes individuelle Denken. Sie lässt keinen Prozess des Aushandelns ethischer Maßstäbe zu und behindert im Gegensatz zu ihrem erklärten Ziel auch die ethische Reifung. Wertekriterien müssen im Unterricht ausgehandelt, also hergestellt werden. Ein Verhandeln von Bedeutungen ist in der Simulation von Lernen aber unmöglich, denn es würde die Autorität der Lehrenden zerstören. Man kann darüber staunen, wie eine Erziehung zur Toleranz auf implizite autoritäre Strukturen von Lernen angewiesen ist, auf ein reaktionäres Setting.

Wenn aus allen Banalitäten ein Bildungswert abgeleitet wird, dessen unangreifbare Wahrheit methodisch attraktiv vermittelt werden soll, dann verfällt das Bildungssystem schnell in einen ökonomischen Rationalisierungsmodus: Noch mehr Banalitäten in der gleichen Zeit zu vermitteln, lässt es als effizient erscheinen. Im Bildungsplan Baden-Württemberg für die Sekundarstufe I in Klasse 7 findet man mehr als acht einstündige Fächer, darunter Geschichte, Politik, Geographie, Biologie, neuerdings Wirtschaft. Nicht nur Kompetenzformulierungen und moralische Konditionierung, sondern auch der Zeitwert für die Aneignung der Bedeutungsschablonen verwandelt das schulische Lernen in ein tayloristisches System. Neben das betreute Denken tritt die betriebswirtschaftliche Lernkalkulation: Leistung ist Arbeit durch Zeit; jeder ‚Vorgang' erhält einen Zeitwert. Nachkriegszeit: Drei Stunden. Fast automatisch lösen Stichwortwissen und Assoziationsschubladen das Verhandeln von Bedeutungen ab.

In den Besatzungszonen herrschten unterschiedliche Vorstellungen von Demokratie. Die Franzosen förderten Kultur- und Sportveranstaltungen, Kleinkunst, Kabarett, Theater. Sie gründeten die Universität Mainz. So schufen sie eine Lebenswelt, in der sich Menschen mit Symbolen, Bedeutungen und Wertvorstellungen auseinandersetzen und daran reifen konnten. Amerikaner und Engländer haben die deutsche Bevölkerung schnell in die Abläufe von Wahlen integriert, Gewerkschaften und andere Interessensvertretungen zugelassen. Welcher Weg ist besser für eine stabile Demokratie: Auf starke Menschen oder auf starke Strukturen zu setzen? Worin liegen Vor- und worin Nachteile der beiden Wege? Zum Beispiel könnte man die Inszenierung der Lebenswelt, in der der ‚demokratische Mensch' entstehen soll, historisch als Kontinuität im Manipulieren von Menschen deuten. Man könnte umgekehrt sagen, dass der Charakter von Menschen Ämter prägen kann und die Struktur das nicht verhindert. Unser Grundgesetz stellt einen Kompromiss dar: Die ersten neunzehn Artikel fokussieren die Würde jedes Menschen, aber das demokratische System ist an mehr als vier Stellen gegen seine Abschaffung geschützt, wodurch Machtmissbrauch strukturell verhindert werden soll, z.b. durch horizontale und vertikale Gewaltenteilung oder ein Widerstandsrecht der Deutschen. Starke Menschen oder starke Strukturen? Unmöglich, so etwas in einer Stunde angemessen zu verhandeln, ohne oberflächlich zu bleiben. Gewollt ist stattdessen, die Demokratie als Erlösung in der Geschichte zu vermitteln. Unterschiedliche Möglichkeiten ihrer Ausgestaltung wären aus diesem Erzählhorizont ausgeblendet; die Fachinhalte würden wie die Verhaltensweisen oder Tugendauslegungen auf eine binäre Wertung ihrer Performanz verengt. Es entstünde eine Wirklichkeit des ideologischen Denkens. Methodisches Feuerwerk verdeutlichte dabei pädagogische Ambition, aber es könnte keine Manifestation einer Erkenntnissuche oder des Reflektierens einer echten Frage mehr sein, weil die Erkenntnis nicht entstehen, sondern vermittelt werden sollte.

Karl Jaspers lokalisiert diesen Unterschied zwischen bildender Erziehung und Scheinbildung in der Teilhabe an einer Suche nach Wahrheit („Welten"): „Es kommt auf die Bildung unseres Bewusstseins an, dass es frei werde für die Einheit des Wahren. Das geschieht durch die ständige Erweiterung der Wahrheitskreise und damit zugleich der Mittelbarkeitskreise, an denen ich teilhabe. Während das enge Bewusstsein in fixierten Wahrheiten Boden und Stärke hat, lockert sich das erweiterte Bewusstsein zur Teilnahme an allen Reichen möglichen Wahrseins."[15]

Lernen versteht Jaspers als Erweiterung des Bewusstseins. Ein aufgeschlossenes Bewusstsein kann sich in der einstündigen Vermittlung von Wahrheiten kaum entwickeln. Während einer Lernsimulation entsteht keine Intensität der reflexiven Auseinandersetzung, die als Erlebnis empfunden werden kann, auf dem sich Erfahrungen niederschlagen. Das Lernen ist, statt intellektuell lebendig zu sein, ein Lernprogramm geworden, das man abarbeitet wie eine Pflicht. Dabei verwandelt sich der Fanatismus hinter dem Sendungsbewusstsein ‚richtiger' Wahrheiten seltsamerweise in eine Leere, die keine Relevanz kennt, wie sie in einem Dialog oder Diskurs entstehen kann. Jaspers sagt: „Der Dialog ist die Wirklichkeit des Denkens selber"[16], er ist Ausdruck des lebendigen Intellekts und immer auch Arbeit am eigenen Selbst. Aber wenn

Diskurse gar nicht mehr stattfinden in der einen wöchentlichen ‚Stunde der wahren Erzählung', dann umschreiben wir doch Lernen einfach sehr technisch: Das Wissen wechselt den Träger; auch das Wissen um richtige Interpretation und feststehende Wertekriterien. Vor allem arbeitet man daran, diesen Trägerwechsel zu designen. Die Entkoppelung der Bildung von der Individualität ihrer Akteure (Teilnehmer?) macht die Begegnungen von Lernenden und Lehrenden zu einer künstlichen, unechten Show: Bildung ist zu einer Rolle verkommen, die alle spielen. In ihrer totalen Planung als ein betriebswirtschaftlicher Ablauf stören Unwegbarkeiten und alle Grautöne des Lebens. Es ertönt kein Heureka, niemals. Alles, was Lernende aus Freiheit erführen und denken würden, liegt außerhalb des Machbaren. Bildungssimulation lässt eine Gefährdung des berechenbaren Showerfolgs nicht zu. Das Jahrhunderte alte Konzept *Alles fließt*[17], das außer in Diktaturen die Erkenntnissuche der Wissenschaft prägt, ist zu einem Stillleben mutiert, in dem das Wissen gefangen genommen und seiner Vorläufigkeit entledigt wird. So wird es als Wahrheitsinstanz einsetzbar, was von Klima bis Kommunismus auch überall geschieht. Bildungsdesign hat Bildung als Aufgabe von Schulen und Universitäten abgelöst. Das Verhandeln, wie man ein Phänomen, ein Problem, einen Sachverhalt am besten denken oder Bilder zeichnen könnte, um ihn zu verstehen, ist der Entscheidung darüber gewichen, mit welcher Farbe die festgelegte Erkenntnis angestrichen werden sollte, damit sie als attraktiv und einleuchtend empfunden werden und man ihr folgen kann. Lernen ist eigentlich ein Prozess der Reifung der Persönlichkeit durch das Aushandeln von Bedeutungen. Simuliertes Lernen ist der Ablauf, wie vermeintliches Wissen den Träger wechselt, ohne dass jemals gefragt wird, was Wissen wirklich ist.

‚Niveaudifferenzierung'

Ein anderes Problem ist der nach ‚Niveaus' gestufte Bildungsplan. Er ordnet Denkoperationen wie Analysieren, Interpretieren, Motive und Interessen erschließen und Bedeutungen darstellen dem ‚erweiterten Niveau' zu. Alle sprachlichen Feinheiten des Verstehens komplexer Zusammenhänge – die Bedeutungsebenen kultureller Manifestationen – werden aus dem Horizont von Nicht-Gymnasiasten ausgeklammert. Zum Beispiel *Medien*: Hauptschüler sollen aufzählen, welche Stationen eine Nachricht durchläuft, bis sie in den Medien erscheint. Gymnasiasten sollen auch Interessen und Motive berücksichtigen, die das Erscheinungsbild der Nachricht prägen. Kann man das eine vom anderen trennen? Das Zurechtschneiden komplexer Sachverhalte auf die jeweiligen ‚Bildungsempfänger' erledigt für Schüler die Suche nach der Wahrheit; diese erscheint ihnen mit dem Aufzählen von Stationen einer Nachricht vollumfänglich erfasst. Die Erfahrung, einem komplexen Sachverhalt zu begegnen und sich gemeinsam durch seine Komplexität zu kämpfen, bis sich Verstehen einstellt, wird diesen Schülern vorenthalten. Der Bildungsplan folgt dem Vorurteil, andere Schüler als Gymnasiasten sollte man besser vom Denken verschonen und die Beschäftigung mit den Bedeutungen der Dinge institutionellen Eliten überlassen. Diese Diskriminierung, die im Zurechtschneiden und Portionieren der komplexen Welt auf die so definierten Kompetenzlinge praktiziert wird, verkauft man als *individuelles Lernen*. Es ist aber gar kein Lernen, weil keine Erfahrungen des Aushandelns von Bedeutungen gemacht werden können. Lernen ist schon bei Thomas von

Aquin als Teil des kontemplativen Lebens beschrieben; es gibt überhaupt kein Lernen ohne intellektuelle Anstrengung. Niveauloses Lernen ist kein Lernen, sondern Beschäftigung mit Aufzählungen. Leider ist der gesamte Bildungsplan eine Aufzählung. Ob Inhaltswissen oder Kompetenzen aufgezählt werden, macht keinen Unterscheid. Das klassifizierende Vorgehen unterscheidet Menschen danach, ob sie betreut denken dürfen oder Grundlagenwissen reproduzieren sollen. Gehörte es nicht zum kulturellen Konsens, dass auch Hauptschüler sich darüber Gedanken machen, auf welche Art und Weise Medien über Klimaproteste, Corona-Pandemie und Dieselskandal berichten? Dass sie einordnen, welche Darstellungen der Medienberichterstattung sie für angemessen halten und welche nicht? Dass sie diese Entscheidung begründen durch Vergleichen und Differenzieren der dort transportierten Bedeutungsbilder? Das technische Verständnis von Wissen (‚Stationen nennen') lässt Fragen nach Skandalisierung (Medien machen das Ereignis) und Jakobinertum (Gesinnungen verbreiten) nicht aufkommen. Bild-Zeitung oder Spiegel – alle Texte erscheinen im ‚Grundniveau' nur als Berichte; sie sind Ergebnis des Durchlaufens von Stationen. Die Simulation von Lernen kennt nach unten keine Grenze. Sie zeigt sich in der Zuordnung von Denkoperationen zu Lernniveaus. Damit hat man das Lernen der Lernenden im Griff und bringt es auf den Begriff: Nennen, Beschreiben, Bedeutungen darstellen (wie Inhalte). Denken kommt nicht vor. In Lernsimulationen wird die Komplexität eines Sachverhaltes durch Zerstückelung und Vereinfachung reduziert, bis sich im Eindruck der Kompetenzlinge vollkommene Klarheit Bahn bricht. All das ist nur deswegen möglich, weil vom niveaugestuften Bildungsplan bis zur choreographierten Kompetenzstunde keine *echten* Fragen das Lernen prägen. Ein Pädagoge bringt aber das Problemhafte, das der Erklärung Bedürftige zum Sprechen; er arrangiert die Komplexität als Herausforderung.

Am Beispiel der Beschäftigung mit Propagandafilmen des Nationalsozialismus wird dieser Unterschied deutlich. Der 1933 in den Kinos erschienene Film *Hitlerjunge Quex* war eine mediale Propaganda für die bis dahin weitgehend bedeutungslose Hitlerjugend und stilisierte den in einem Arbeiterviertel Berlins von Kommunisten ermordeten Hitlerjungen Herbert Norkus zu einem Helden.[18] Bekannte Theaterschauspieler wie Berta Drews und Heinrich George meistern den Spagat zwischen Spielfilm und Tragödie in einer realistisch wirkenden Weise. Heini, der fünfzehnjährige Protagonist, entfernt sich immer mehr von seinem kommunistischen Elternhaus und folgt der Faszination der Hitlerjugend. Warum sind nach dem Erscheinen dieses Kinofilms zehntausende Jugendliche eingetreten? Weshalb verfängt die plumpe Propaganda dermaßen? Auf welche Weise und mit welchen Mitteln zieht der Film den Zuschauer in seinen Plot? Diese Frage ist komplex; filmische Mittel wie das Abdrehen der Kamera (erst nach 15 Minuten erscheint die HJ im Film, als Angebot der Erlösung aus dem proletarischen Elternhaus), Polarisationen in jeder Filmszene, durch die sich der Zuschauer entscheiden muss, auf wessen Seite er steht, und das Verschweigen von Informationen (es gibt anscheinend nur die kommunistische und die Hitlerjugend, ob letztere ein Club, eine Freizeitclique oder ein politischer Kampftrupp ist, bleibt offen) lassen erahnen, wie der Zuschauer stellvertretend für die Figuren im Film mental zu handeln beginnt. Aber ist das hinreichend für die Beantwortung der Frage? Kann man sagen, dass man die psychologischen Vorgänge der

Vereinnahmung dann verstanden hat? Immer neue Aspekte und Details werden erörtert; das Lernen ist plötzlich geprägt von dem Ehrgeiz herausfinden zu wollen, wie die Einbeziehung der Zuschauer in den Plot des Films wirklich funktioniert. Es gibt darauf keine letztgültige Antwort, die man als ein ‚Wissensziel' formulieren könnte. Merkmale von Propaganda aufzuzählen, z.B. geistige Vereinfachung, Stoffbeschränkung, hämmernde Wiederholung, also das klassifizierende Denken einer Erklärung anzuwenden, würde auf die Vermutung von kausalen (Ursache-Wirkung) Mechanismen setzen, aber den Prozess der Vereinnahmung nicht wirklich verstehen können. Ein solches Verstehen der Genese von Prozessen ist durch eine Reduktion von Komplexität, z.B. durch Klassifikation, nicht zu erreichen. Es erforderte das Umkreisen der Frage durch das Einnehmen immer neuer Perspektiven, durch das Berücksichtigen von immer noch mehr Hintergrundinformationen. Es erforderte die permanente *Erweiterung der Komplexität des Sachverhalts*: Durch Hinzuziehen von Standpunkten verschiedener Ebenen (z.b. psychologisch, gesellschaftlich, biographisch, wie sich die Ideologie im Film-Plot manifestiert), Verwerfen und Verifizieren bereits gewonnener Erkenntnisse. *Echtes* Lernen bedeutet, an einer durch kommunikative Reflexion geprägten *Suche nach der Wahrheit* teilzuhaben und dabei Erfahrungen machen zu können – über Möglichkeiten des Denkens, über andere Perspektiven, über die eigene Erfahrungsweise. Kommunikation ist für solche Erfahrungen in einem Logos unerlässlich. Menschen müssen ihre Wahrnehmungen, Eindrücke, Assoziationen austauschen, um sich Bedeutungen hinter den Erscheinungen erschließen zu können. Dann können sie die symbolische Repräsentation der Bedeutungen dechiffrieren. Simulation von Lernen hieße dagegen, Wissen zu klassifizieren und der Illusion zu erliegen, man hätte das Phänomen verstanden. Vielleicht hat man es begriffen, indem man Attribute der Erscheinung des Phänomens rekapituliert. Aber verstanden hat man es erst, wenn man die Sinnkonstruktionen unterschiedlicher Perspektiven rekonstruieren kann. Wissen ist im Logos eine dialektische Tugend.[19] Das erforderte, die Probleme unserer Welt als Dramen zu lesen, so wie J. Arieti zum Beispiel die platonischen Dialoge betrachtet.[20]

Genau dann, wenn die Suche spannend wird, weil die Komplexität steigt, soll der Lehrer zu dem Schüler, der auf ‚Grundniveau' lernt, sagen: Geh an Dein gelbes Arbeitsblatt, dort sind einfachere Aufgaben: Uniformen beschreiben und Merkmale der Filmfiguren ankreuzen? Wenn Lernen als eine Suche nach Erkenntnis, also als Erweiterung des Bewusstseins, definiert wird – und das ist eine Voraussetzung für Persönlichkeitsentwicklung – dann findet es erst auf der Ebene der Reflexion von Bedeutungen statt. Es wäre sinnlos aufzuzählen, welche Merkmale Uniformen von HJ-Jungen haben, ohne auch zu ergründen, welche ‚Werte' und ideologischen Konnotationen damit transportiert werden. Es wäre auch sinnlos, die im Verhalten der Figuren zutage tretenden Charaktereigenschaften zu identifizieren, ohne zu ergründen, welche Funktion diese Gegenüberstellung für das Aufrechterhalten eines ideologischen Weltbildes und für die Vereinnahmung des Zuschauers hat. Warum sich Faszination oder Ekel beim Rezipienten einstellen, ist sonst nicht nachvollziehbar.

Wir sollten Phänomene und Sachverhalte als Manifestationen holistischer Strukturnetze auffassen, um echtes Lernen zulassen zu können. *Alles fließt* ist nicht nur maßgeblich, um in einem Prozess des Aushandelns Erkenntnis über einen Sachverhalt zu suchen, sondern auch für die innere Zusammensetzung des Sachverhaltes, der ja übrigens in Fächern wie Geschichte, Politik oder Deutsch erst durch Bedeutungen konstituiert wird. Geschichte zum Beispiel besteht ausnahmslos in der eigentümlichen Form einer Erzählung; sie ist die narrative Konstruktion der Bedeutung von Vergangenheit. Ein ‚Grundniveau' kann es hier nicht geben. Man kann ja schlecht Eigenschaftswissen aufzählen, wenn es ‚Wissen' gar nicht gibt, sondern nur mögliche Erzählungen, und wenn die Mehrzahl fachlicher Begriffe Reflexions- und keine Objektbegriffe sind (*Täter*). Wissen kann hier nicht den Träger wechseln, weil es eine Bedeutungskonstruktion des Subjekts ist. Es ist nicht objektivierbar. In dem Maß, wie das Subjekt in den klassifizierenden Formulierungen der Bildungsplan-Kompetenzen auf ein Niveaufeld reduziert wurde, haben die Simulation von Lernen zu-, und das kommunikative Aushandeln von Bedeutungen abgenommen. Die Niveaudifferenzierung, die entweder das Aufzählen von Wissensfetzen oder das betreute Denken in der Rekapitulation von Interpretationen differenziert, erreicht nicht einmal annähernd Ebenen, in denen Lernen überhaupt möglich wird. Das hinderte ihre Verfasser aber nicht daran, alle Trivialitäten und Banalitäten in einen Bildungsevent umzulügen. Das Zuordnen unterschiedlicher Formen des Beschreibens von Erscheinungen zu Niveaus (= ‚individuelles Lernen') verkaufen sie als schülerorientierte Bildungsqualität. Von Greta bis Corona sind wir Lernsimulationsprofis geworden. Wir streben weder nach Erkenntnissen noch nach Bildungserlebnissen, die uns berühren. Wir lernen nicht mehr. Wir tun nur so.

4. Die Relativierung kultureller Werte

Zu Freiheit und Stärke erziehen?

Als Schüler floh Friedrich Schiller von der Hohen Karlsschule. Herzog Karl Eugen hatte die traditionsreiche Bildungseinrichtung unter der Flagge eines *aufgeklärten Absolutismus* zum Bollwerk seiner Macht umfunktioniert. Mit unmenschlichem Drill und bis zu Erschöpfungszuständen wurden begabte junge Männer nach ‚wissenschaflichen' Ansprüchen zu dienenden Staatbeamten ‚gebildet'. Den Leistungsgedanken konkretisierte man in der Aneignung von Unmengen an Stoff und nannte es Herausforderung. In seinem Brief an den Herzog erklärte Schiller ironisch, dass er gerne alle seine wissenschaftlichen Schriften der Zensur unterstelle, wohlwissend, dass man diese im Ausland bereits kannte und Zensur gar nichts ausrichten konnte. Die Instrumentalisierung von Modernitätsideen der Aufklärung (Wissenschaftsbezug, Recht auf Bildung auch für ärmere Schichten, Leistungsgedanke, Bildung als Motor sozialen Aufstiegs) für die Sicherung autoritärer Macht wiederholt sich in der Geschichte andauernd. Dass das Phänomen in ähnlicher Struktur auch ein Merkmal von Bildungsreformen geworden ist, zeugt von Respektlosigkeit gegenüber den Errungenschaften der Aufklärungskämpfer. Vernunftgeleitetes Handeln und das Recht als eine Kategorie der Menschenwürde sind in einer Ideologie der neuen Lernkultur verloren gegangen. Vernunft ging verloren, indem man ein aus gesellschaftlichen Ideologien abgeleitetes pädagogisches Konzept (individualisiertes Lernen, Lernpakete, Niveaudifferenzierung, längeres gemeinsames Lernen, Kompetenzorientierung) den spezifischen Erkenntnisweisen der jeweiligen Fächer einfach überstülpte. Das Recht als Schutzinstanz der Menschenwürde ging verloren, weil das Recht auf Bildung nicht humanistisch, sondern kybernetisch ausgelegt worden ist. Der Mut, sich seines eigenen Verstandes zu bedienen, sei in den Kompetenzformulierungen enthalten, wird behauptet. Mut ist also auch planbar. Doch wehe, jemand benutzt ihn und kritisiert die Kompetenzorientierung. Sie ist eine Monstranz der modernen Bildungswelt und kann als sakrosankte Autorität alle Abweichler wieder auf Spur bringen, mit Argumenten wie wissenschaftsadäquatem oder demokratisiertem Lernen. Sie ist zu einem Symbol für pädagogische Professionalität geworden. Der Leistungsbegriff ist in dieser Innovationslüge stets gleich geblieben; er besteht nach wie vor darin, eine vorgegebene Struktur/ein Verfahren abzuarbeiten, aber nicht darin Ehrgeiz zu entfalten, Herausforderungen mit individuellen oder unkonventionellen Herangehensweisen zu meistern. Was hat der jahrhundertelange Kampf für die Freiheit des Individuums denn gebracht, wenn normierte Bildungsprozesse so in Szene gesetzt werden, als hätte man die Bildung von autoritären oder überhaupt politischen Strategien emanzipiert? Ob man das Bildungssubjekt mit funktionalisiertem Drill oder in vorgegebenen, seelenlosen Erkenntnisverfahren tötet, macht keinen Unterschied. Eine *Leistung* ist hingegen einzigartig: Sie kann in der Erstellung einer neuen Betrachtungsweise, in einer Erfindung als Lösung eines gesellschaftlichen, technischen, wirtschaftlichen Problems oder in der Erkenntnisformulierung eines forschenden Verstehens liegen. Das lebendige Bildungssubjekt zeichnet sich durch Verve und Gründlichkeit, Kreativität und Durchhaltevermögen aus. Es will einer Sache auf den Grund gehen, ihren Wesenskern erschließen und dann handeln. Auf diese Weise etwas zu leisten, darauf ist das humanistische Bildungsverständnis angelegt. Die Bildungspolitik hat den Leistungsbegriff aber als eine Erledigung von Vorgängen verunglimpft. Bildungssubjekte sind nur Passagiere eines Zuges, der auf Schienen an ein vorgegebenes Ziel fährt, und das ist das Gegenteil von Subjektsein. Natürlich ist es auch eine Leistung, wenn jemand Vorgaben besonders gründlich erledigt. Bezogen auf Bildung sollte man Leistung aber eher jemandem attestieren, der hart daran arbeitet, ein selbst denkender Mensch zu werden. Von einer Leistung kann man sprechen, wenn jemand sein Gehirn verwendet, um etwas Sinnvolles, auch Sinn, zu konstruieren. Heinrich Mann schrieb *Professor Unrath*, um die autoritäre Rolle des deutschen Gymnasiallehrers, um ein Image zu konterkarieren und die Lüge aufzudecken, der die Gesellschaft verfallen ist. Mit der Figur des Professors, der seinen Schülern heimlich in ein Nachtetablissement folgt und sich dort in die Bardame Lola verliebt, die er heiratet und aller Kontrolle über Prinzipien seiner zivilisierten Amtsattitüde, gar über sein Leben verlustig geht, legt er die Leere hinter allen Konventionen und dem Gehabe gesellschaftlicher Schichten offen. Deren Abgrenzungsversuche seien lächerlich angesichts der Verwandlungsfähigkeit von Menschen. Was wirklich zähle, sei nicht die gesellschaftliche Konvention oder ein Image, sondern dass man sich bewusst darüber wird, was einem wirklich etwas wert ist. Nach der Verfilmung des Buches als *Der blaue Engel* kamen die Nazis, verboten den Film und machten den deutsche Gymnasiallehrer zu einer technokratischen Wiedergänger-Figur: Sein Handeln war nicht mehr einem Bildungsimage, sondern seiner Funktion in der Ideologie des Erzieherstaats verpflichtet; er rutschte von einer schwarz-weiß-roten Blase in eine braune. Heinrich Mann hat eine echte, eine herausragende Leistung vollbracht – nicht im Sinne eines Handwerkerauftrags, sondern als eigenständige Konstruktion einer Gesellschaftsperspektive. Argumentieren ist eine Leistung; Denken ist eine Leistung. Regeln befolgen oder immer korrekt anwenden ist eine Tugend – wie Fleiß. Oder eine opportunistische Verzerrung von Können. Natürlich muss nicht jeder Schüler wie Heinrich Mann sein, damit man von einer Leistung sprechen kann. Eine Leistung besteht auch darin, sich eine begründete Meinung zu bilden, die über den bloßen Eindruck hinaus geht, oder Dinge von unterschiedlichen Perspektiven aus zu betrachten. Der Leistungsbegriff in Systemen der allgemeinen Bildung muss sich von demjenigen in Ausbildungssystemen unterscheiden. Leistung im Bildungssystem ist an dem Wert orientiert, eine Person zu werden, z.B. durch gründliches Denken, während Leistung im Ausbildungssystem dem Zweck verpflichtet wird, seine Arbeit gut zu machen. In der Schule geht es um Bildung, nicht um Ausbildung. Die Statuspanik in der gesellschaftlichen Mitte scheut jedoch das Abenteuerliche und Rätselhafte, das mit echter Leistung einhergeht. Der Soziologe Heinz Bude obduziert in seinem Buch „Gesellschaft der Angst" eine Gesellschaft der verstörenden Ungewissheit, der heruntergeschluckten Wut und der stillen Verbitterung.[21] Wenigstens die Leistung im Bildungssystem sollte in dieser Angst etwas Kalkulierbares bleiben, damit man sich nicht noch ohnmächtiger fühlt. Das ist verständlich. Aber eine echte Leistung beruht ja gerade auf der *produktiven Begegnung* mit Ungewissheiten und Herausforderndem (forschendes Verstehen), wodurch man über sich hinauswachsen und ein Anderer werden kann als der, der man ist. Manche sagen, dafür seien die Kompetenzen doch da und interpretieren die Kompetenzraster als einen großen Werkzeugkasten in einem Handwerker-Kleinbus. Der Handwerker wisse auch nicht, was auf ihn zukommt, wenn er zu einem Reparaturtermin fährt. Doch auch hier gilt: Leistungen in Bildungsprozessen sind ja nicht darauf ausgelegt, die Funktionstüchtigkeit einer Sache (wieder-)herzustellen, z.B. die Spülung im Klo, sondern an der Reifung der Person mitzuwirken, die sich dann z.B. bewusster für unterschiedliche Ebenen eines Phänomens wie Armut werden oder sich zu dem Zielkonflikt zwischen Umweltschutz, sozialer Gerechtigkeit und wirtschaftlicher Effizienz positionieren kann. Auch beim richtigen Anwenden einer mathematischen Regel liegt die Referenz nicht im richtigen Anwenden der Regeln, sondern im Bewusstsein für die Bedeutung mathematischer Modelle in unserer Welt. Funktionen sind zum Beispiel Abbildungen eines Urbildes auf ein Bild nach einem Muster; sie können das Bewusstsein für die wechselseitige Beeinflussung zweier Größenmerkmale bzw. Phänomene schärfen.

Rechnen ist zwar auch ein Werkzeugkasten, aber Mathematik kann einem die Welt erschließen oder eine vortäuschen. Sie ist ein Denksystem, dessen Stärken und Schwächen für eine Erkenntnis man nur aus einer übergeordneten Perspektive und mit Bezug auf die Frage nach der Repräsentationsfähigkeit ihrer Modelle beurteilen kann. Mathematik kann auch eine Welt konstruieren: Wird die Skalierung engstufiger, werden die Balken in der Grafik länger, und derselbe Sachverhalt erscheint plötzlich in einem anderen Licht. Leistungen im Bildungssystem bestehen darin, Denksysteme bewerten und nicht nur ihre Vorgaben anwenden zu können. Weshalb spielen Leute Lotto, obwohl sie mit hoher Wahrscheinlichkeit nie einen Hauptgewinn erzielen werden? Hoffnung kann die Mathematik nicht abbilden. Und jede Woche gewinnt einer. Macht Lottospielen also Sinn? Wieder sieht man, dass Leistung heißt, Grenzen von Denksystemen zu reflektieren – politisch, historisch oder mathematisch, das macht keinen Unterschied. Wenn das Bildungssystem aber selbst zum Abbild einer Gesellschaftsideologie geworden ist (z.B. individualisiertes und längeres gemeinsames Lernen) und deren Grenzen nicht einmal reflektiert hat, ist der Common Sense, nach Erkenntnis und richtigem Maß des Urteilens zu suchen, bereits mit seiner architektonischen Struktur aufgekündigt worden. Leistung ist dann nur noch im Skript eines Theaterstücks figuriert, was ungefähr so verstanden werden kann, als wenn Diktatoren demokratische Strukturen inszenieren. Wo die Systemstruktur kein *Sapere aude* in ihrem Leistungsbild enthält, da sollte man weise sein, Pathologie und Inszenierung des Leistungsbegriffs wittern und mit der Autopsie beginnen. Modernität ist nicht gleichzusetzen mit Fortschritt im und für das Menschsein, auch wenn uns neue medizinische Verfahren oder technische Erleichterungen das glauben lassen. China hat die modernste Digitaltechnik. Eingesetzt wird sie zur Überwachung von Menschen, zur Unterdrückung von Individualität, Persönlichkeitsrechten und Minderheiten. Die Nationalsozialisten nutzten für ihre Propaganda Flugzeug („Deutschlandflüge", Wahlkampf 1928-1933) und Stadiontechnik. Modernität ist kein Beweis für das Gute; es kommt darauf an, welchem Wert sie verpflichtet wird. Als eine Ideologie der Bildungsshow kann sie schnell kulturelle Errungenschaften wie die Achtung der Persönlichkeit – den Common Sense einer Gesellschaft – zerstören. Inszenierte Modernität kennzeichnet inzwischen den durchgestylten pädagogischen Diskurs. Sie ist zum Reinheitsgebot des Argumentierens in Bildungssystemen geworden – ein Modul der Praxis, das Persönlichkeit und lebendige Diskussionen verstummen lässt. Noelle-Neumann nannte das einst *Schweigespirale*.[22] Lehrer brauchen inzwischen Mut, wenn sie ihren Schülern auf eine ehrliche, echte Weise begegnen möchten. Denn das Reinheitsgebot der neuen Pädagogik sorgt schnell für berufliche Sanktion.[23] Modernitätsverpflichtung ist dieselbe Ideologie, mit der individuelles Lernen verteidigt wird. Sie ist eine Tik Tok App der Bildungspolitik geworden: Attraktiv verpackte Überwachung. Überwachen und Strafen: Die Bildungssimulation ist lebendig gewordener Foucault. Von Individualität keine Spur.

Individualität respektieren?

Die Achtung der Menschenwürde ist derjenige Wert, der unser gesellschaftliches Miteinander und unsere Erinnerungskultur nach dem Holocaust trägt. Sie ist die Basis der Nachkriegsdemokratie und hat gerade in postmodernen Gesellschaftssystemen nicht ausgedient. Wenn Aleida Assmann beklagt, die Deutschen seien nur deswegen Weltmeister im Erinnern, weil sie zuvor Weltmeister im Morden waren, dann kritisiert sie eine inszenierte moralische Schuldkompensation, die sie „Opferüberidentifikation" nennt und die Reflex und Selbstschutz, aber nicht Bewusstsein sei. Menschenwürde zu achten in allen unseren Belangen des Lebens bleibt eben trotz solcher Auswüchse und einer Inflation von Gedenkstätten die Wertebasis unserer kulturellen Identität. Und dazu gehört, dass man Individualität als einen Aspekt der Menschenwürde begreift. Hinter die Würde des Individuums dürfen Pädagogik und Bildungspolitik nicht zurück gehen. Postmoderne Theorien (Landgraf 2004) sind zum Beispiel „Beobachtungsformen, die sich selbst in ihren Beobachtungen zu beobachten gelernt haben. Das heißt, Theorien sind Weltsichten, die sich als Weltkonstruktionen verstehen. Theorien zeichnen sich besonders darin aus, dass sie anders als das

Dogma die eigene Weltsicht als vorläufig bezeichnen. Postmoderne Systemansätze sind selbstreflexiv. Sie prüfen unter anderem permanent, ob sich unerwünschte Entwicklungen einstellen", die zum Beispiel die im System agierenden Individuen zu einem Spielball des Systems werden lassen. So gesehen sind weder Kompetenzorientierung noch Neue Lernkultur postmodern. Sie verwalten ein bestimmtes Verständnis von Wissenschaft, durch das Individualität ein institutionalisierter Begriff wird. Wenn Individualität aber andersartig ist und vom Planungssystem abweicht, wird sie als für den Ablauf der Lerngeschäfte störend empfunden. Der Psychotherapeut Till Bastian meint, dass der außen geleitete Charakter sich in dem Bemühen verliere, im Mainstream mitzuschwimmen. Die vielen digitalen Identitäten, die sich jeder innerhalb des Mainstreams in beliebiger Form erschaffen kann, würden nicht helfen gegen die innere Leere und soziale Verwahrlosung.[24]

Durch solche menschenfeindlichen Eigentümlichkeiten geht uns in der Bildungsshow unser Ich verloren. Es entsteht eine seelenlose Gesellschaft, und also eine seelenlose Schulwelt und ein seelenloses universitäres Leben. Individualität kommt darin zwar vor, aber als ein Planungselement, nicht als eine persönliche Lebens-, Denk- und Verhaltensweise. Der Philosoph Friedrich Schleiermacher „habe", so Michael Winkler, „dem ‚normativistischen Selbstverständnis' [...] der Pädagogen ein Denken entgegen gesetzt, das gegenüber aller Programmatik vorrangig auf die Beschreibung und Analyse der Pädagogik als einem Wirklichkeitsbereich von sozialen Funktionen und menschlichen Aktivitäten zielt."[25] Schleiermacher wollte wissenschaftliche Theoriebildung jenseits eines ‚praktischen Bedürfnisses' politischer Ansprüche oder pädagogischer Veränderungs- und Handlungsambitionen. Die institutionalisierte Pädagogik überging ihn deshalb gerne. „Im Mittelpunkt der auf Schleiermacher zurückgreifenden pädagogischen Debatte um die (zweite) Moderne (‚Postmoderne') stehen vor allem Überlegungen, welche der Bedeutung konkreter Individualität und Subjektivität galten."[26] Das Spannungsverhältnis von Allgemeinem und Besonderem zu gestalten, wurde zu einer Aufgabe des pädagogischen Milieus. Moderne Gesellschaften mussten lernen, Erziehungsleistung in einer Weise zu strukturieren, die mit ihrer funktionalen Bedeutung bricht. Erziehung war nun nur noch Erziehung, wenn sie mit dem Prozess individueller Bildung rechnet, in welchem Eigentümlichkeit aus dem subjektiven Umgang mit gesellschaftlichen Zumutungen und Erwartungen entsteht. Dies führte in eine ... Offenheit von Erziehung."[27] Bindung und Autonomie galt es nun, im

Erziehungsprozess auf eine ernsthafte Weise auszubalancieren.

„Mit Schleiermacher begann das moderne Denken in der Pädagogik, das doch schon über sich hinaus schreitet, weil es nicht mehr die Bestimmtheit erwartet, sondern die reflexive Vergewisserung über Ungewissheiten und Kontingenz einfordert, die als Folge von Geschichte eingetreten sind."[28]

Die Bildungsshow hat diesen Auftrag der Schule in einer Gesellschaft der zweiten Moderne aufgekündigt. Sie setzt nicht mehr auf das „Zusammenspiel von unbefangener Beobachtung und analytischer Ambition".[29] Sie bringt Lernende nicht dazu, als Bildungssubjekte Referenzobjekte ihres Lernens zu sein, also sich selbst zu beobachten, außer im Abhaken der bereits erledigten Lernpaketaufträge. In der Anonymisierung ihres Bildungsbegriffs ist Offenheit ebenfalls institutionalisiert, aber trotzdem keine handlungsleitende Maxime geworden. Individualität als ein Aspekt der Menschenwürde wurde mit der Funktion des Individuellen im Begriffsnetz der Bildungsshow suspendiert: Kein selbstbestimmtes Denken, keine individuellen Erkenntnisse, keine erfahrungsgebundenen Wahrnehmungen, keine originären Bildungserlebnisse. Die Bildungsshow ist stattdessen eine Art Jakobinertum: Menschenformung für das Image der Modernität. Offenheit ist keines seiner Markenzeichen. Ihre inneren Mechanismen gleichen dem, was der Medienwissenschaftler Norbert Bolz im Focus über den Gesinnungsterror der Politisch Korrekten geschrieben hat: „Abweichende Meinungen, die sich doch aus der Deckung wagen, werden sozial bestraft. Die soziale Intoleranz fügt heute zwar niemandem mehr körperlichen Schaden zu, aber wer anders denkt, muss seine Meinung maskieren oder auf Publizität verzichten. ... Längst haben Funktionäre der Politischen Korrektheit die Stellen der sozialen Kontrolle dessen besetzt, was als diskutabel gilt. ... Man kritisiert abweichende Meinungen nicht mehr, sondern hasst sie einfach."[30] Vor einigen Jahren hat die Bildungsjournalistin der FAZ, Heike Schmoll, in der Debatte um die Gemeinschaftsschule in Baden-Württemberg anlässlich der politisch indoktrinierten „Neuen Lernkultur" solche Verwerfungen unserer kulturellen Übereinkünfte beschrieben: *„Bedenklich stimmt, dass Kritik an der neuen Schulform vielerorts nicht geduldet wird. Lehrer, die das Konzept grundsätzlich kritisierten, fühlten sich als Nestbeschmutzer ausgegrenzt oder disziplinarrechtlich zum Schweigen gebracht. Von den berichteten disziplinarrechtlichen Drohungen durch zuständige Regierungspräsidien hat das Kultusministerium nach eigenen Angaben keine Kenntnis. Viele Lehrer, die der F.A.Z. Auskunft gaben,* *fürchten aber um ihre Existenz, wenn sie an die Öffentlichkeit treten. Ihre Namen und Schulorte werden hier und im Folgenden deshalb nicht genannt. Die Wahrhaftigkeit aller Erfahrungsberichte ist eidesstattlich versichert worden."*[31]

Individualität wird auch nicht mehr als eine Bereicherung des Unterrichts empfunden. Individuelle Wahrnehmungen der vielfältigsten, innovativen, symbolträchtigen, historische Zäsur einleitenden kulturellen Manifestationen der Weimarer Zeit – von Dadaismus bis Reformpädagogik, von Freestyle-Jazz bis zu Bertolt Brechts epischem Theater, von Körperbewusstsein bis Tanzlokalen und Kellerkneipen – könnten unterschiedlichste Vermutungen darüber enthalten, warum der Ausdruck von Vielfalt auch Spaltung der Gesellschaft bedeuten oder weshalb die bürgerliche Kreativität in einer politischen Radikalisierung münden konnte. Der eine sagt, diese Formen der Kultur kämen ihm sehr radikal vor, sodass das Radikale eine Kontinuität zwischen Geist und Macht dargestellt hat. Ein anderer empfindet diese kulturellen Welten als Schein-Welten, die für Flucht aus der wirklichen Wirklichkeit stehen, vielleicht für Resignation. Sie sind also keine schöpferischen Erscheinungen, sondern Ausdruck von Leere und Verzweiflung, in die Ideologien leicht eindringen können. Für einen dritten Schüler drückt sich im Spannungsverhältnis zwischen Faszination gegenüber und Angst vor der Modernität die ungerechte, elitäre Form eines ambitionierten Vorreiterstrebens von Kulturschaffenden aus, die die Krise der politischen und gesellschaftlichen Werte nur für ihren Vorteil nutzten und an ihrem Image feilten: Ein Aufbruch auf Kosten anderer. Natürlich formulieren die Schüler das in einer anderen Sprache. Gedanklich ist ein Arbeiten mit ihren individuellen Wahrnehmungen meistens fruchtbar für den fachlichen Erkenntnisprozess. Wie kann man Kafkas Romane *Der Prozess* oder *Das Schloss* denn verstehen? Als Kritik an einer politischen Lüge? Kafkas Figuren irren ohne Ziel umher; sie sind verdammt zu einer entwürdigenden Hoffnungslosigkeit. Die Frage nach der Fremdbestimmung ihrer Existenz, die sie zur Ohnmacht verdammt, drängt sich dem Leser auf. Indem jemand seine Wahrnehmung – Fremdsteuerung, Radikalität, Entkernung von Lebensmut oder Lebenssinn, Ziellosigkeit, Denunziation der Weimarer Demokratie – verbalisiert, denkt er die historische Lebensrealität als seine eigene Möglichkeit. Daraus kann Erkenntnis darüber erwachsen, was das alltägliche Leben der Menschen wirklich ausmachte oder im Rückblick bedeuten kann. Doch in der Kompetenzrasterschule ist die individuelle Wahrnehmung, in die subjektive Erfahrungen der Lernenden einfließen, aus dem Lernprozess ausgeklammert. Dort geht es nur um jene Kompetenz, die goldenen zwanziger Jahre als eine Pause im Katastrophenmodus der ungeliebten Demokratie – als Jahrmarktspektakel – darstellen und eine kausale Ursache für die Entstehung einer Diktatur nennen zu können, z.B. Arbeitslosigkeit. Auf welche Weise sich geistige Vielfalt und politische Radikalisierung beeinflussen und auseinander hervorgehen, benötigte eine dialektische Denkfigur, die in Kompetenzrastern fehlt, aber individuellen Erfahrungen innewohnt. Erfahrungen haben sich auf Erlebnissen niedergeschlagen, die das Verhältnis zur Welt enthalten.

Nirgendwo werden die Wahrnehmungen der Lernenden zu einem fundamentalen Bestandteil der Erkenntnissuche. Individualität wird nicht als ein *Potential* des Lernens konzeptioniert. Erfahrungen der Lernsubjekte über Gerechtigkeit, Manipulation, Neid, das Gefühl des Ausgeliefertseins oder darüber, wie

Verrücktheiten faszinieren und somit verfangen können – vervielfältigen Perspektiven auf die Bedeutungsebene der Lerninhalte. Orientierungswunsch oder Bonnie-und-Clyde-Gefühl – auf welche Art begann die Verstrickung, die mit Hitler geendet hat? Wahrnehmung über soziale Phänomene ist zwar an die Werte einer gegenwärtigen Gesellschaft gebunden, enthält aber nicht selten eine anthropologische Konstante in der Geschichte. So wurde sie von Beginn an ein Element allen Verstehens und charakterisiert die heuristische Methode. Dieses erfahrungsgebundene Zeichnen von Bildern zu respektieren, würde den Wert der Individualität im Lernprozess abbilden. Stattdessen täuscht die Bildungsshow, z.B. mit dem ‚selbstständigen' Lernen, Individualisierung und Subjektorientierung vor, hat aber das Dichotome der Pädagogik, nämlich ihr Changieren zwischen Autonomie und Kontrolle – zugunsten der Kontrolle aufgelöst.

Vermessung der Bildung und Kontrolle sind zwei Seiten einer Medaille. Die Charakterisierungen der auf einen Imperativ gerichteten Handlungen eines kollektiven Ganzen bei dem Philosophen Hans Jonas lassen sich identisch auf die Begriffsideen der Bildungsshow übertragen: Sie totalisieren sich selbst im Fortschritt ihres Impulses, weil sie die Machbarkeitsvorstellung von Bildung hypothetisch universal setzen.[32] Der hypothetischen Verallgemeinerung ihrer „Lernkultur"-Begriffe wohnt zwangsläufig eine Geringschätzung des autonomen Individuums inne.

Verantwortung übernehmen?

Ob in Bildungssystemen gewollt ist, dass Menschen Verantwortung übernehmen, zeigt sich an der Rolle der Kommunikation. Diese ist ein Nervenbahngeflecht der Demokratie und von Lernen gleichermaßen. In Bildungsprozessen steht sie dafür, eigene Positionen, Perspektiven und Interpretationen mitzuteilen und die der anderen als eigene Möglichkeit zu reflektieren, also dafür, dass sich Personen über die Vielfalt der gedanklichen Welt austauschen, diese Vielfalt herstellen, aufrechterhalten und erfahren. Wissen wird kommunikativ konstruiert, indem Ereignisse, Kontexte und Sichtweisen in ein Verhältnis gesetzt werden. Sich zu verantworten für die eigenen politischen, gesellschaftlichen, ethischen Positionen bedeutet, den anderen *Antwort* geben zu können. Ehrlich – und bereit dafür zu sein – die eigenen Horizonte zu erweitern, ist eine Voraussetzung dafür. Die Verantwortung Lernender für eine Entwicklung ihrer Persönlichkeit enthält also eine soziale Referenz. Horizonterweiterung und Grenzerfahrung sind die dichotome Matrix, durch die das Individuum in Bildungsprozessen reift, was im Aushandeln von Bedeutungen immerfort geschieht. In der Individualisierung von Lernen, der Art der Kompetenzformulierung in Bildungsplänen sowie dem Modernitätspostulat der Showinszenierung wird Kommunikation aber nicht als ein Erfahrungsraum, sondern als eine moderne Technik der Wissensübertragung konfiguriert. Sie ist auf eine Methode der Vermittlung vorgefertigter Erkenntnisse reduziert worden und damit eher ein Bestandteil von Kontroll-, nicht von Autonomiepädagogik.[33] Wenn philosophische Reflexionen der Pädagogik erodieren, weil die Bildungsshow keine kommunikativen Verhandlungen ihrer Begriffe, Konzepte oder von Ideen zulässt, ist das für den Topos einer ethischen Reifung von Lernenden, die man in Anlehnung an den Neukantianismus als *Personwerdung* formulieren könnte, verhängnisvoll. Kommunikation ist im Lernverständnis der Bildungsshow also weder ein Raum für die Entstehung von Begriffskonzepten noch von Erkenntnisprozessen. Welche gesellschaftliche

Bedeutung kann diesem Lernen dann zugeschrieben werden? Wo findet man in seiner Simulierung eine Antwort darauf, wie das dialektische Verhältnis von selbstbestimmten Persönlichkeiten und freiheitlicher Gesellschaft in Bildungsprozessen lebendig werden kann? Kommunikation als Reflexions- und Erfahrungsraum zuzulassen, wäre ein Merkmal unserer kulturellen Identität, sich Herausforderungen zu stellen. Der Resistance Kämpfer und KZ-Überlebende Stéphane Hessel und der Philosoph Edgar Morin beschreiben, was Kommunikation im Lernen bedeutet: „Wichtig ist: Nicht nur Wissen zu vermitteln, sondern auch zu lehren, was Wissen ist. Es wird von Dogmatismus, Irrtum, Illusion und Reduktion unterminiert. Zu lehren sind also die Voraussetzungen eines relevanten und zuverlässigen Wissens. ... Wichtig ist: Verständnis zu lehren ... Nur wer den anderen versteht, kann die Unterschiede zwischen sich und ihm erkennen, und nur so ist es möglich, den anderen mit seinen Schatten- und Lichtseiten zu sehen, statt ihn einseitig auf Eigenschaften zu reduzieren. ... Wichtig ist: Einen Unterricht zu fördern, der sich mit den Zivilisationsproblemen unseres Alltags befasst."[34] Kommunikation ist die Voraussetzung dafür, Schein und Sein der uns umgebenden Wirklichkeit differenzieren und vermeintliches Wissen beurteilen zu können. Aber wenn die Bildungsshow den Bildungsbegriff bis zur Unkenntlichkeit reduziert und Erkenntnis als eine vorformulierte Handelsware begreift, dann ist ihre Kommunikation eher eine Methode, den Vorgang, wie illusionäres Wissen den Träger wechselt, zu optimieren. Elementarste Voraussetzungen kommunikativ geprägter Erkenntnisprozesse – dass die Dinge in der Welt uns nur [noch] vermittelt gegenübertreten oder dass, Heidegger und Gadamer folgend, Verstehen in der Sprache liegt und sich Wahrheit in einem intersubjektiven Kommunikationsakt konstituiert – gehören nicht zu ihrer Operationsbasis. Niemals emergiert Bildung darin aus der Begegnung und Beschäftigung mit problematischer Begriffsverwendung. Ein Ringen darum, unterschiedliche Ebenen der Bedeutung von Begriffen – gesellschaftliche, rechtliche, politische, historische, solche des Erlebens und der Mentalität – in eine sprachliche Äquivalenz bringen zu müssen (z.B. bei dem Begriff „Täter"), um in eine ehrliche Suche nach der Wahrheit eintreten zu können, gehört nicht zu den Erfahrungen, die die Bildungsshow ermöglicht. Begriffe scheinen im Unterschied dazu in den Kompetenzformulierungen bereits abschließend objektiviert. Kausales Denken ist an die Stelle des Spielens auf der Klaviatur möglicher Bedeutungen getreten; Sprache ist nicht mehr fluide und kein Element der Bedeutungskonstruktion, sondern mit ihr werden Objektbegriffe durchdekliniert. Probleme, die z.B. Hannah Arendt im Ringen darum, mit welchem Begriff sie den Kern dessen treffen kann, was eine Figur wie Adolf Eichmann ausgemacht hat, der weder ausgeprägter Antisemit war noch selbst Hand anlegte, würden in dem Sprachgebrauch der Bildungsinszenierung nie entstehen können. Ihr Begriff war übrigens „Verwaltungsmassenmörder".[35] Sprache ist in Inszenierungen nicht kommunikativ, sondern sie trägt dazu bei, eine Illusion zu erzeugen: Eine Lernillusion, eine Wissensillusion, eine Kompetenzillusion. Dazu beschreibt sie Dinge klar und eindeutig, d.h. sie zurrt deren Gehalt fest. Sie bringt wahrnehmbare Sachverhalte in eine Ordnung. Alles Hintersinnige, Mehrdeutige, Unklare hat darin keinen Platz. Dabei sind, so Niklas Luhmann, die für das Lernen essentiellen Vorgänge wie das Reflexivwerden des bewussten Wahrnehmens an interaktive Kommunikation gebunden.[36] Es fehle einem solchen, aus sich selbst heraus operierenden Interaktionssystem keinesfalls an Referenzen auf die Organisation der Gesellschaft. Im Gegenteil könnten diese nur durch Interaktionen sichtbar gemacht werden.[37] Das Problem der Bildungsshow ist also nicht nur, dass sie, um vorformulierte Erkenntnisse zu vermitteln, keine echte Kommunikation braucht, durch die normalerweise Wissen im Lernprozess erst hergestellt wird, sondern darüber hinaus sind auch Erfahrungen über den gesellschaftlichen Umgang mit Wissen, die in kommunikativer Interaktion gemacht werden könnten, nicht möglich: Eine Aufgabe übernehmen, Hingabe bei der Arbeit an einem Problem verspüren, sich der Bedeutung einer Problemlösung für den eigenen Lebensalltag oder die Gesellschaft bewusst werden.

Die Volksversammlung der attischen Demokratie, bei der alle Versammelten direkt über Belange der Polis abstimmen konnten, gilt vielen als Ausdruck einer gerechten politischen Struktur. Doch die Quellen sagen, Perikles sei in Wahrheit König gewesen. Redekunst, Sophistik oder Demagogie können politische Machtstrukturen psychologisch unterlaufen. Besonders deutlich wird das im *Scherbengericht des Kleisthenes*.[38] Ist Gerechtigkeit durch eine Struktur bzw. über Gesetze realisierbar? Wie stark beeinflussen Emotionen diese Struktur? Könnte die überzeugende, mitreißende Rede die Autonomie der Entscheidung des Einzelnen vernichten? Was bedeutete es für das Zusammenleben, würden ideologisch geprägte Sichtweisen in Entscheidungsprozessen über die Fachkunde dominieren? Müsste man nicht Sachverstand haben, um über so essentielle Dinge wie die Energieversorgung eines Landes oder die internationale Sicherheitspolitik einer Nation mitzuentscheiden?

Wir können die attischen Verhältnisse als Vorbilder für eine direkte Demokratie beschreiben und das Wissen um diesen Zusammenhang Kompetenz nennen. Aber ohne darüber kommunikativ zu reflektieren, was ‚wirklich' vor sich geht während der Volksabstimmung, würde der genannte Zusammenhang in den Bereich des Wähnens und Meinens fallen. Schüler würden denken, Gerechtigkeit sei dadurch ‚herstellbar', dass alle die gleichen Beteiligungsrechte bekommen. Was wäre, wenn Reiche mehr politische Mitsprache, aber im Gegenzug auch wesentlich mehr Pflichten in der Gesamtgesellschaft hätten: Wäre das ‚Jedem das Seine' auch gerecht oder nicht? Weil sie Lernen nur noch simulieren sollen, verspüren die Akteure in der Bildungsshow keine Notwendigkeit mehr, Zugänge zu den Menschen und der Gesellschaft von den psychischen Funktionen her zu suchen. Ihre Verantwortung läge aber darin, bei ihrer

Tätigkeit Möglichkeiten und Verwerfungen des dialektischen Verhältnisses von Individuum und Gesellschaft im Blick zu behalten.

Kommunikation ist notwendig, um gemeinsam über die Wertverpflichtung unserer Gesellschaftsorganisation nachzudenken, indem man erörtert, was Sachverhalte uns heute sagen. In der Schärfung des individuellen Bewusstseins bei der kommunikativen Herstellung von Wissen läge die Verantwortung, die ein Bildungssystem, ein Unterricht, ein Lehrer mit Blick auf seine gesellschaftliche Aufgabe übernehmen kann. Eine Verantwortung des Lernenden drückte sich in seiner Bereitschaft aus, Dingen wirklich auf den Grund zu gehen und so seine Persönlichkeit durch (intellektuelle) Anstrengung zu entwickeln. Weder eine systemische Verantwortung gegenüber der gesellschaftlichen Relevanz von Lernen noch eine persönliche Verantwortung, Zumutungen und Anstrengungen der eigenen Personwerdung auszuhalten und als Herausforderung zu meistern, können als ‚Verpflichtung' aufkommen, so lange Lernen simuliert wird und unkommunikativ bleibt.

5. Die Gesinnungsschule

Im Dossier der Zeit konnte man am 6. Juni 2012 folgendes lesen: „Am Beginn der modernen Gesellschaft, bürgerlich, frei, kapitalistisch, steht die Französische Revolution, und zwei Führungspersönlichkeiten spielen dabei eine besondere Rolle: Danton und Robespierre. Georg Büchner hat ihnen ein Drama gewidmet. Sie gehören beide zu den Jakobinern, den radikalen Verfechtern von Freiheit, Gleichheit, Brüderlichkeit. Danton, ein Anwalt, steigt in der Revolution zum Justizminister auf. Er ist korrupt, er ist fett, er säuft und er frisst, er geht ins Bordell. Sein Gegenspieler Robespierre ist die Tugend selbst, keine Skandale, keine Schmiergelder, keine Frauengeschichten. Aber es wird der verkommene Danton sein, der sich schließlich dem revolutionären Terror entgegenstellt. Er fordert ein Ende der Hinrichtungen. Zur Strafe wird er selbst ein Opfer der Guillotine. Robespierre, der

Tugendsame, strebt die Weltherrschaft der Tugend an. So etwas geht immer böse aus. Sogar für Robespierre. Am Ende trennt die Guillotine auch ihm das tugendhafte Haupt vom Rumpf. In Büchners Drama heißt es richtigerweise, der Mensch könne vernünftig oder unvernünftig, gebildet oder ungebildet, gut oder böse sein, das geht den Staat nichts an'... Für die Robespierres dieser Welt ist der Staat hingegen eine Erziehungsanstalt."[39]

Heute wollen Autoversicherungen elektronisch Daten sammeln, die ihnen offenbaren, ob jemand vorbildlich fährt oder nicht. Davon soll seine Beitragshöhe abhängen. Wer Fleisch im Discounter kauft, muss sich in die Nähe von Tierquälern bringen lassen. Hoffentlich isst er sonst nicht zu viel Zucker und Fett, denn das würde seine Verkommenheit und seine Ignoranz gegenüber der Gesellschaft noch vervielfachen. „Die Jugendsünde eines 16-Jährigen kann ihn zwanzig Jahre später die Karriere kosten. Wo Gott war, da ist jetzt eben Google."[40] Wir sollen uns ‚korrekt' verhalten in Verkehr, Ernährung und digitaler Welt: Kein SUV, kein Zucker, keine Zigaretten, keine Anzeichen von Fehlverhalten im Netz. Der tugendhafte Mensch fährt ein Elektroauto, hat sieben Mülltonnen, lebt ohne Plastik, ernährt sich fleischlos und kämpft gegen das Böse, das überall lauert (Umweltverschmutzung, Klimazerstörung, Diskriminierung, Sexismus). Er hat gelernt, das ‚falsche' Verhalten abzulegen und ‚richtig' zu leben. Sein CO_2 Abdruck ist hervorragend. Sich der sozialen Kontrolle seiner Tugendhaftigkeit auszusetzen und diese zu bestehen, ist für ihn zu einer Art Sport geworden. Er empfindet es als seine Leistung, nicht als ‚Kontrolle'. So verwandelt er sich vom Objekt des Argwohns der Tugendwächter zu einem Held des Alltags. Lebenskompetenz verdichtet sich darin, einer Gesinnungsethik zu entsprechen. Ausbrechen aus dieser Konvention: Nicht vorgesehen. Die Konvention *ist* der Ausbruch: Aus dem kapitalistischen Wirtschaftssystem, dem erdvernichtenden Konsumverhalten, dem Rassismus der westlichen Gesellschaften. Ein Verlangen nach Ausbruch würde auch das Image zerstören, welches seine Eigen- und Fremdwahrnehmung inzwischen prägt. Den moralischen Zeigefinger kann er nicht mehr als Damoklesschwert der Freiheit empfinden, weil er das ‚richtige' Leben als das ‚gute Leben' verinnerlicht hat.

Die ‚Black Lives Matter' Bewegung gegen Rassismus und Polizeigewalt, die ‚Me too' Debatte über Sexismus, die Aktionen der Klimaaktivisten: Das Gute wird zum Kontrollinstrument über die Tugendhaftigkeit der staatlichen Einrichtungen und darüber, ob diese ihr Handeln den Prinzipien des Guten unterwerfen. Natürlich ist es zu begrüßen, wenn im Unterricht ein Bewusstsein für eine nachhaltigere und sozialere Lebensweise entsteht. Das darf aber die Entwicklung des politischen Denkens der Lernenden nicht paralysieren. In welchem Verhältnis sollen Umweltschutz und Wohlstand stehen? Könnten doktrinäre Forderungen an die Gesetzgebung soziale Gerechtigkeit oder sogar demokratische Formen des politischen Diskurses vernichten? Ab welchem Punkt verwandelt sich die freiheitliche Demokratie in eine Gesinnungsdiktatur, die mit Kontrolle und Unterdrückung operiert? Auch hier geht es darum, Grenzen auszuloten, Werte zu reflektieren. Es geht nicht darum, dem, was als das Gute bezeichnet wird, gehorchen zu lernen. Es geht schon wieder darum, das Denken gegenüber der moralischen Konditionierung zu verteidigen. Doch die Bildungspolitik hat bereits kapituliert. Die bitter erkämpfte Offenheit der Pädagogik in einer postmodernen Gesellschaft musste der Gesinnungsschule weichen. Die Leitlinien für den Bildungsplan 2016 in

Baden-Württemberg lesen sich wie eine Indoktrination von Moral: Bildung für nachhaltige Entwicklung (BNE), Bildung für Toleranz und Akzeptanz von Vielfalt (BTV), Prävention und Gesundheitsförderung (PG), Berufliche Orientierung (BO), Medienbildung (MB), Verbraucherbildung (VB).[41] Ist hier ein multiperspektivisch ausgerichtetes, diskursives Lernen im Fach Politik noch möglich? Müssen Lehrer nun das Bild einer Konsenswissenschaft zeichnen, anstatt die Lebendigkeit des wissenschaftlichen Diskurses erlebbar zu machen? Steht die Erkenntnis, die aus der Beschäftigung mit historischen Sachverhalten erwachsen kann, von vorne herein fest? Soll das Eintreten gegen Diskriminierung die Hypothese menschlichen Fortschritts in der Geschichte verifizieren? Viele Schüler denken wirklich, sie seien nicht mehr so empfänglich für Propaganda wie die [dummen?] Menschen damals. Wie es sein kann, dass sich auch sehr gebildete und intelligente Menschen in politische Unrechtssysteme verstricken konnten – diese Frage liegt außerhalb ihres Erfahrungs- und Denkhorizonts. Denn sie haben gelernt: Wer ‚richtig‘ lebt, kann nicht manipuliert werden.

In einer Gesinnungsschule setzt man sich nicht mehr mit der Komplexität einer Problemstruktur und unterschiedlichen Perspektiven auseinander. In Anlehnung an den Medienwissenschaftler Bernhard Pörksen kann man sie als eine Antwort auf die Wahrheitskrise des postfaktischen Zeitalters verstehen.[42] Sie setzt Bestätigungsdenken an die Stelle der Offenheit und versichert sich damit einer vermeintlichen Wertorientierung mitten in der kollektiven Erregung. So kompensiert sie den Kontrollverlust einer Gesellschaft gegenüber der Entwicklung von Menschheitsproblemen. Dass diese Geländer, so Pörksen, das Kommunikationsklima verschlechtern und dadurch eine Diskurskrise der Gesellschaft verstärken, ist sicher nicht beabsichtigt.[43] Implizit stellen sie den tugendhaften Menschen dem verkommenen Subjekt gegenüber und erziehen zum ‚richtigen' Leben. In ihrer unvermeidlichen Polarisierung bedeutet ein Mensch zu werden nicht mehr, über Dinge nachzudenken und Sinn zu konstruieren, sondern sich ‚richtig' zu verhalten.

Woher man weiß, was ‚richtig' ist? 97 Prozent der Wissenschaft(ler) seien sich einig, wird behauptet.[44] Wissenschaftspolitik wird nicht zum Thema dieses Denksystems. Die Empörung war der Reiz, und die Gesinnungsschule ist die Reaktion der Bildungspolitik darauf. In der Illusion, den tugendhaften Menschen erzeugen zu können, wird ihr die Unterwerfung der Bildung unter die ‚große Gereiztheit' gar nicht bewusst. Schüler abzurichten dafür, wie man ‚richtig' lebt und denkt, entspricht nicht dem Wesen von Bildung. Lernen ist kein Ort der moralistischen Kontrolle. Das Überwachen einer erwünschten Persönlichkeitsentwicklung ist keine Pädagogik, ganz unabhängig davon, ob diese Leitlinien eine Antwort auf die Katastrophen unserer modernen Welt sein sollen oder Ideale wie eine gerechte und soziale Gesellschaft verfolgen. Die verhältnismäßige Antwort darauf wäre – statt ein vermeintlich tugendhaftes Verhalten zu oktroyieren – eine Ermöglichung von Denkerfahrung im Lernen. Die Leitlinien stellen eine unverantwortliche Komplexitätsreduktion unserer heutigen Schlüsselprobleme dar. Und sie reduzieren das Lernen auf die Übernahme oberflächlicher Problemlösungen (gemäß: Zieh' die Springerstiefel aus, denn sie sehen scheiße aus!). Aus einer technologischen Sicht ist die Ausführung ‚richtigen' Handelns, mit dem die Problemlösung assoziiert wird, aber ein Erfolg.

Da sich die faktisch ablaufenden [Entscheidungs-]Prozesse in Organisationen kaum durch Setzung von Entscheidungsprämissen steuern lassen[45], müssen die in den Bildungsplänen stehenden Kompetenzen als Ausdruck einer Beseitigung dieses Technologiedefizits im Bildungssystem verstanden werden, nicht als Merkmale der individuellen Weltzugänge von Lernenden. Systemtheoretisch ist also alles in sich logisch. Für die Bildung ist es aber eine Katastrophe, denn Kausalpläne (Kausalität zwischen Lernausrichtung an Leitlinien und tugendhaftem Verhalten) sind, überspitzt gesagt, in der Pädagogik immer falsch. Schule ist keine Einrichtung für Erziehungsideologie. Sie kann kein Abbild einer Entwicklung sein, in der das „Gewicht einer Sünde vom Barometerstand der öffentlichen Meinung abhängt".[46] Kein Wert ist unfehlbar und als Doktrin eines Lernprozesses tauglich, allenfalls als Verhandlungssache. Mit den Leitlinien werden Tugenden, die Werte sei sollen, aber als eine ontologische Begebenheit präsentiert, obgleich aus ihnen am Ende nur das Skelett eines Verhaltens übrig bleibt. Der *Professor of Aesthetics and of General Theory of Value*, Stanley Cavell, hat die Dimensionen kultureller Identität in seinem Essay über Wittgensteins Vision der Sprache betont: „Wenn man eine Sprache lernt, lernt man nicht nur die Aussprache der Klänge und ihre ‚Lebensformen', die aus diesen Klängen die Wörter machen, die sie sind – die sie dazu bringen zu tun, was sie tun, etwa benennen, rufen, hinweisen, einen Wunsch oder ein Gefühl ausdrücken, eine Wahl oder Abneigung anzeigen etc. Für Wittgenstein sind auch die Beziehungen unter diesen Formen grammatisch."[47] Die Wörter Nachhaltigkeit, Toleranz und Akzeptanz von Vielfalt, Gesundheitsförderung und Verbraucherbildung tragen alle zu einer Handlungsanleitung für das korrekte Leben bei – darin liegt ihre grammatikalische Beziehung. Ansonsten drückt sich in ihnen nichts aus: Keine gesellschaftliche Identität, keine Verwurzelung in einer Geschichte, die uns zu dem hat werden lassen, was wir sind. Sie taugen nicht für das Narrativ unserer Existenz, weil sie keine Bilder zeichnen und keine möglichen Visionen transportieren über die psychischen Formen eines selbstbestimmten Lebens. Stattdessen sind sie dem *Überleben* angesichts drohender Katastrophen verschrieben; es ist die auflistende Anleitung einer Brandbekämpfung, in der alle Lernenden zu Feuerwehrmännern werden, die zum Kampf gegen das Feuer (das Böse? Den Teufel?) bereit stehen. Bereits eingetretene oder zukünftige Katstrophen (Umweltzerstörung, digitale Hinterwelt, adipöse Gesellschaft, konsumzentrierte Leere, Corona) zu bekämpfen soll suggerieren, dass das System Verantwortung übernimmt. In diesem Narrativ über die Welt und die Gesellschaft erscheint die Selbstbestimmung der Individuen als ein nachgeordneter Wert, weil es um ‚höhere' Dinge geht, nicht um die einzelne Persönlichkeit. Mit der Tugendkonditionierung wird zwar die lebenskompetente, verantwortungsbewusste Person proklamiert. Doch wieder einmal hat die Persönlichkeit nur eine Rolle in den Inszenierungen einer Institution. Vielleicht würde die Selbstbestimmung der Einzelnen den Problemen unserer Wirklichkeit besser habhaft werden können, als es die vermeintlich tugendhaft konditionierten Feuerwehrmänner vermögen. Sinnesscharfe Urteilsfähigkeit erwächst nämlich selten aus einem Kampfesaufruf gegen den Flächenbrand. Die Aufgabe von Bildungssystemen besteht eigentlich darin, Lernende in die Lage zu versetzen, sich ihr Leben als eine Geschichte zu erzählen, retrospektiv und prospektiv. Erich Fromm nannte das Freiheit, verstanden als positive Entwicklung des individuellen

Selbst.[48] Ihre Aufgabe besteht nicht darin, sie in der Rolle der Brandbekämpfer gefangen zu halten. Das kann nicht die pädagogische Verantwortung unserer Schulen sein. Selbstverständlich bedeutete diese Offenheit der Pädagogik kein Leugnen der anzugehenden Problembeschreibungen oder der Zustimmungsfähigkeit zu vielen Absichten, die mit den Leitlinien verfolgt werden. Aber sie machte klar, wie weit sich eine Gesinnungsschule von dem Bildungsgehalt entfernt, dass Lernende eine Persönlichkeit werden. An diese Stelle setzt sie das Funktionieren in einem Masterplan der sterilen Existenz. Keine Individualität und kein eigenes Leben mehr haben zu dürfen, ist die wahre entwürdigende Hoffnungslosigkeit. Fast könnte man sagen: kafkaesk. So wurde die Bildung mit einem grauen Schleier einer Gesinnungsethik überzogen, der ihre Vielfältigkeit und Buntheit auf die Programmierung der Schüler zu tugendhaftem Verhalten verzwergt. Der Sozialpsychologe Alexander Mitscherlich beschrieb dieses Phänomen anlässlich der Nachkriegszeit so: „Die Zielvorstellung aller Kultur ... besteht demnach in der Milderung der feindseligen Formen von Aggression durch die Förderung ausgleichender seelischer Kräfte wie Mitgefühl, Verständnis für die Motive des anderen.... Dieser Förderung steht die Dummheit im Wege. Ich meine damit nicht die Begabungsdummheit, sondern die anerzogene Dummheit, die sorgfältig durch Erziehung zu Vorurteilen herbeigeführte Dummheit. Im Erfolgsfall solcher Erziehung ... ersetzt dann bei dem Versuch einer Konfliktlösung mit steigender Erregung das Vorurteil die Arbeit kritischer Reflexion.[49] Wiedergeboren in der schwarzweiß - Gegenüberstellung von vermeintlich tugendhaften und vermeintlich egozentrischen und unverantwortlichen Menschen. Das ist eine unfassbare Respektlosigkeit vor der Autonomie des Individuums. So schnell kann die gute Absicht zu einer Klassifikation von Menschen führen, die diese als binäre mathematische Struktur wahrnimmt (gut – böse, richtig – falsch, wenn nicht a, dann b). Tugendhafte Gesinnungserziehung ist meistens das Gegenteil von Toleranz und Liberalität. Ihr Vorgehen entlarvt die Tugendgeländer als Lüge.

6. Die Verachtung der Intellektualität

In Platons Dialog Menon führt Sokrates mit Platon einen Dialog über die Tugend.

Sokrates: Da wir also darüber einig sind, dass man forschen muss nach dem, was man nicht weiß, ist es dir da recht, dass wir gemeinsam danach forschen, was die Tugend eigentlich ist?

Menon: Ja gewiß. Doch möchte ich ... auf meine anfängliche Frage zurückkommen, ob man der Tugend als etwas Erlernbarem nachgehen müsse, oder ob sie den Menschen von Natur oder auf welche Weise sonst zuteil werde.

Sokrates: ...so müssten wir die Lehrbarkeit oder Nichtlehrbarkeit nicht eher erwägen, als wir erforscht hätten, was sie selbst ist.... Lass uns auf Grund einer Voraussetzung erwägen, ob sie lehrbar ist oder nicht lehrbar. Und zwar formulieren wir die Sache so: Welche Beschaffenheit muss die Tugend als Teil unseres Seelenlebens haben, wenn sie lehrbar oder nicht lehrbar sin soll....

Sokrates: Wenn also die Tugend ein Wissen ist, so ist sie offenbar lehrbar

Menon: Unstreitig.

Sokrates: Demnächst gilt es also nun wohl zu untersuchen, ob die Tugend ein Wissen ist oder etwas vom Wissen Verschiedenes

Menon: Ja, das müssen wir wohl nunmehr untersuchen.

Sokrates: Wie nun? Erklären wir die Tugend nicht für ein Gut und ist dies nicht unsere feste Voraussetzung, dass sie ein Gut sei?

Menon: Ohne Zweifel.

Sokrates: Wenn es nun irgendein anderes Gut gibt, das ohne Wissen bestehen kann, dann wäre es möglich, dass die Tugend kein Wissen wäre. Wenn es aber kein Gut gibt, das nicht auf Wissen beruht, dann würden wir mir der Annahme, dass sie ein Wissen sei, das Richtigere treffen.

Menon: So ist es.

Sokrates: Gut aber sind wir doch vermöge der Tugend,

Menon: Ja.

Sokrates: Wenn aber gut, auch nützlich; denn alles Gute ist nützlich…. Also ist die Tugend doch etwas Nützliches

Menon: Notwendig nach dem Zugegebenen.

Sokrates: …. Macht nicht ein richtiger Gebrauch sie nützlich, unrichtiger aber schädlich?

Menon: Allerdings.

Sokrates: Mit einem Worte also: Führt nicht alles Streben und Ringen der Seele, von Einsicht geleitet, zum Glück, von Unverstand geleitet zum Gegenteil?

Menon: So scheint es.

Sokrates: Wenn also Tugend ein Stück unseres Seelenlebens ist und sie unbedingt als nützlich gedacht werden muss, dann also muß sie Einsicht sein. Denn alles Seelenleben ist an und für sich weder nützlich noch schädlich; nützlich oder schädlich wird sie erst durch das Eingreifen der Einsicht oder des Unverstandes. Dieser Darlegung zufolge muss denn die Tugend als etwas Nützliches, unbedingt eine Art Einsicht sein.

Menon: Auch ich bin dieser Meinung.

Sokrates: Und was nun die anderen Güter anbelangt, den Reichtum und dergleichen, von denen wir eben sagten, sie seien bald nützlich, bald schädlich, steht es mit ihnen nicht ebenso? Wie die Einsicht als Leiterin der ganzen Seele die Seelentätigkeit nützlich machte, der Unverstand dagegen schädlich, macht so nicht auch bei diesen Dingen die Seele durch richtige Anwendung und Führung sie nügtzlich, durch unrichtige dagegen schädlich? …. Demzufolge wäre Einsicht also das eigentlich Nützliche. Wir behaupten aber doch von der Tugend, sie sei etwas Nützliches?

Menon: Allerdings.

Sokrates: Tugend also erklären wir damit für Einsicht, sei es, daß sie ganz mit ihr (der Einsicht) zusammenfalle oder ein Teil von ihr sei.

Menon: Damit scheinst du mir recht zu haben, mein Sokrates.

Sokrates: Wenn dem so ist, wären die Tugendhaften dies nicht von Natur….

Sokrates: Da nun die Tugendhaften nicht von Natur tugendhaft sind, werden sie es doch wohl durch Unterricht?[50]

In seinen Dialogen lässt Platon Sokrates zusammen mit Gesprächspartnern nach dem Wesen einer Sache suchen. Umtrieben von der Frage, wie man eine Sache verstehen kann, entwickeln und verwerfen sie Gedanken. Sie vergleichen Beobachtungen, Erfahrungen und Fallbeispiele, konstruieren Zusammenhänge, prüfen auf gedankliche Kohärenz oder Inkohärenz. Sie üben sich als Meister des Zweifels an Gewissheiten, entlarven Scheinkenntnisse und fragen immer weiter. Gängige Narrative über die zu ergründende Sache werden dekonstruiert. Die Dialogpartner bewähren sich darin, nicht aufzugeben, bis sie der wahren Erkenntnis zur Geburt verholfen haben. Der Prozess, ein Phänomen so lange zu durchdenken, bis sich wahre Erkenntnis einstellt, kann als eine gründliche Untersuchung aufgefasst werden. Er ist geprägt von dem Ringen um Wahrheit. Einer Sache auf den Grund gehen zu wollen, ist als Forscherdrang zu verstehen, oder als eine Übung im Denken, mit der wir uns unserer Beziehung zu der Welt, in die wir hineingestellt sind, bewusster werden. Beides entsteht aus der Unbestimmtheit einer Sache, die ein heuristisches Erkenntnisverfahren einleitet. Manchmal muss man diese Unbestimmtheit auch erst ins Bewusstsein rufen, weil das Wähnen und Meinen die Wirklichkeit als Klarheit verklärt hat. Deshalb hat sich Sokrates auf den Marktplatz gestellt und die Leute so lange in Gespräche verwickelt, bis sie wussten, dass sie in Wirklichkeit nichts wissen über die Sache, die gerade besprochen wird. Eine solche Irritation herzustellen, ist die Aufgabe von Schule, wenn sie sich als eine Bildungseinrichtung versteht. Gewöhnliche / gewohnte Weltwahrnehmungen zu perturbieren, initiiert automatisch intellektuelle Aktivität. Pädagogisch kann man das als Erzeugung einer ‚kognitiven Dissonanz' beschreiben. Die Fragen, Probleme und Dilemmata müssen aber *echt* sein, also offen und nicht simuliert.

Die Bildungsshow hingegen hat aus Bildung Schulbildung gemacht, in der es um das Ablichten und Weitergeben von Belanglosigkeiten geht. Das Verlangen, einer Sache auf den Grund gehen und nach wahrer Erkenntnis suchen zu wollen, sodass ein Anliegen entsteht, kann in einem Output-System, in dem Wahrheiten vermittelt werden, nicht aufkommen. Lernen als einen sokratischen Erkenntnisprozess zu realisieren, würde intellektuelle Offenheit voraussetzen. Diese konstruktivistische Vorstellung allen Wissens ist aber das Gegenteil einer Gesinnungsschule und auch von klassifizierenden Wissensillusionen. Weshalb die intellektuelle Offenheit eine unerlässliche Voraussetzung für Bildung ist, verdeutlichen historische Figuren, die sich nicht eindeutig in das gängige Täter-Opfer-Mitläufer-Schema einordnen lassen, welches die Geschichtsschreibung jahrzehntelang geprägt hat. Ein fiktiver Historiker begibt sich auf die Suche nach Wahrheit – er versucht, etwas zu verstehen, das sich nicht so einfach erklären lässt.

Bei seiner Recherche stieß Historiker W. auf drei Bücher, die ihn irritierten. Er konnte die Menschen, um die es dort ging, nicht in die gängigen Kategorien einordnen. Und die soziologischen Betrachtungen hatten keine Worte für Menschen, die man nicht in Kategorien stecken konnte. „Das Buch ‚Die Mütze oder der Preis des Lebens'", so Jürgen Hogrefe im Spiegel, „ ist eine Zumutung für jedes zivilisierte Empfinden, ein erbarmungsloses Stück Dokumentation. Der Jude Frister schreibt über die Schuld der Nazi-Opfer.... ‚Unsere Leute wollen das nicht wissen', klagt [der Verleger] Ohad Smora, erste Rezensionen in Zeitungen hätten in Israel ‚einen inneren Widerstand gegen das Buch' hochkommen lassen. Frister weiß, warum: ‚Die Alten wollen meine Misere nicht als Lektüre mit ins Bett nehmen, und für die Jungen passt ein schwacher Großvater, der den Nazis nicht heldenmütig entgegentrat, nicht ins Weltbild'. Frister legt darin zum Entsetzen des Lesers die Bilanz seiner eigenen Untaten vor: Er erzählt Geschichten, die ihn als Verräter, Betrüger und Erpresser erscheinen lassen. Er entlarvt sich sogar, beklemmender Höhepunkt der Selbstbezichtigung, als scheinbar skrupelloser Mittäter. Wohlkalkuliert schickt er einen jüdischen Mit-

häftling in den sicheren Tod, um das eigene Leben zu retten, [indem er ihm die Mütze klaut]. Wer beim Morgenappell ohne Mütze antrat, wurde von der SS an Ort und Stelle erschossen.... Die Exekution am nächsten Morgen mochte Frister weder sehen noch fühlen. ‚Ich blickte mich nicht um. Ich wollte nicht wissen, wer erschossen wurde. Ich war froh zu leben.'[51] *Ist Frister Täter oder Opfer? Auf jeden Fall durchbricht er die ‚Shoa-Epidemie', wie Avraham Burg die popularisierte Identitätsfindung des ganzen Landes nannte.*[52]

Auch die folgende Stelle in Primo Levi's Ist das ein Mensch? *irritierte Historiker W.: „Da merken wir zum ersten Mal, dass unsere Sprache keine Worte hat, diese Schmach zu äußern, dies Vernichten eines Menschen. In einem einzigen Augenblick und mit fast prophetischer Schau enthüllt sich uns die Wahrheit: Wir sind in der Tiefe angekommen. Noch tiefer geht es nicht; ein noch erbärmlicheres Menschendasein gibt es nicht, ist nicht mehr denkbar. Man hat uns die Kleidung, die Schuhe und selbst die Haare genommen; werden wir reden, so wird man uns nicht anhören, und wird man uns auch anhören, so wird man uns nicht verstehen. Auch den Namen wird man uns nehmen; wollen wir ihn bewahren, so müssen wir selber die Kraft dazu finden, Sorge dafür tragen, dass über den Namen hinaus etwas von uns verbleibe, von dem, wie wir einmal gewesen.... Ich lernte, dass ich ein ‚Häftling' bin. Mein Name ist 174517; wir wurden getauft, und unser Leben lang werden wir das tätowierte Mal auf dem linken Arm tragen. Anscheinend ist dies die eigentliche Initiation: Nur wenn man die Nummer herzeigt, bekommt man Brot und Suppe. Etliche Tage waren nötig und nicht wenige Ohrfeigen und Faustschläge, bis wir uns daran gewöhnten die Nummer prompt vorzuweisen.... Die makabre Wissenschaft der Auschwitz-Nummern. Den Alten des Lagers sagen die Nummern alles: Jeder wird die Nummern von 30000 bis 80000 mit Achtung behandeln: Nicht mehr als einige hundert sind es, die Überlebenden der polnischen Ghettos. Man muss die Augen gut offenhalten, wenn man sich mit einem 116000er oder 117000er in Geschäfte einlässt. Fünfzig sind es vielleicht noch, aber es sind Saloniki-Griechen; man darf sich nicht übers Ohr hauen lassen. Und was die hohen Nummern angeht, so hängt ihnen etwas Lächerliches an: Die typische hohe Nummer ist ein dickbäuchiges, willfähriges und dümmliches Individuum, dem du auf die Nase binden kannst, dass im Krankenbau Lederschuhe für Leute mit empfindlichen Füßen ausgegeben werden, und das du dazu überreden kannst, rasch hinzulaufen und dir inzwischen seinen Suppennapf ‚in Verwahrung' zu geben; du kannst ihm einen Löffel für drei ganze Brotrationen verkaufen; du kannst ihn zum gemeinsten Kapo schicken und ihn fragen lassen, ob es stimme, dass sein Kommando das Kartoffelschälkommando sei und ob man ihm zugeteilt werden könne."*[53]

Ob Heinrich August Winkler den Prozess des Verlustes der eigenen Identität, den diese Menschen durchliefen, irgendwann einmal in den Blick seiner Forschungen nahm? Ob er jemals reflektierte, welche Formen der Boshaftig-

keit der Überlebenswille annehmen kann? Das dritte Buch war ein Tagebuch, das Helga Deen im Konzentrationslager schrieb. Ein Ausschnitt: „Es sind hier Typen dabei, echt das niederste Volk, noch schlimmer als jedes Fischweib. Und doch amüsier ich mich im Augenblick noch köstlich. Ein Gekeife und Geschimpfe ist das. Sie prügeln sich sogar und benutzen gemeinsame Schimpfwörter. Trotzdem glaube ich, dass es einem auf die Dauer zum Hals raushängt. [...]. Mein Gott, was sind das hier für fürchterliche Zustände.... Gott, dass man hier nie allein ist, ständig Gezänk und Gekeife um einen herum. Ich arbeite jetzt im Krankenhaus, Reinemachen. Alle rennen weg, außer Greet und ich. Ich glaube, dass wir viel zu anständig sind, denn wenn Arbeit anfällt, bleiben wir meist drauf sitzen. [...]. Auf der einen Seite die Arbeitstiere und die Streber und auf der anderen Seite die Faulenzer. Und manchmal, wenn du wieder mitten zwischen herumkommandierenden deutschen jüdischen Frauen sitzt, werden schlechte Leute plötzlich gut, wenn nur eine da ist, die dich nicht angrobst, die dir ein Stück Brot oder einen Schluck Tee anbietet....«[54]

Die Bibliotheksbücher hatten keine Worte für das Töten der Seele, für den Prozess der Entmenschlichung auf beiden Seiten; für die Grauzonen der Geschichte: KZ-Insassen, die zum Täter wurden oder Denkstrukturen ihrer Schergen herausbildeten, und umgekehrt, vernünftig denkende Bürger in einer der zivilisiertesten und am weitesten entwickelten Kulturnationen der Welt, deren Bestimmung manchmal darin endete, hundert Menschen an der Grube zu erschießen. Mord als Beruf. Danach gingen sie nach Hause und spielten mit ihren Kindern. Wie hält man so etwas aus?

Was das Wesen der Verwandlungsfähigkeit von Menschen ist, der Verstrickung, der Metamorphose normaler Familienväter vom Ich ins Wir, der Täterwerdung von Opfern oder dem Opferwerden gegenüber der eigenen Machtstrategie – all das beantwortet die historische Sozialwissenschaft der Bielefelder Schule nicht. Erst die Holo-

caust-Education der letzten Jahre hat uns ins Bewusstsein gerufen, dass nicht die Unmenschlichkeit, sondern die menschlichen Schwächen ein Schlüssel zur Genese solcher Prozesse und das Oszillieren zwischen Opfersein und Tätersein ein erkenntnisreiches historisches Forschungsfeld sein könnte. Dieses hätte die bislang unbeantwortete Frage zu klären, wie man Menschen über ihre Gefühle erfassen, aber gleichzeitig zur Gefühllosigkeit erziehen kann – was also dazwischen, an der Schnittstelle zwischen dem Einzelnen und dem Allgemeinen, passiert sein muss? Oder anders, vom Subjekt her gedacht: Was in und mit Menschen passiert, die für die Grauzonen der Geschichte stehen? Lassen sich die inneren Vorgänge, lässt sich das Wesen solcher Prozesse forschend erschließen? Das interessiert Historiker W.

Eines ist ihm bereits klar: Die historische Sozialwissenschaft alleine kann solche Prozesse nicht verstehen. Sie kann nur von Strukturen und Rahmenbedingungen her menschliches Verhalten erklären, mit Kausalhypothesen und Deduktion. Deshalb ist es notwendig, das Forscherteam zu erweitern. Er nimmt Kontakt auf zu Historikern, die Anfang der 1980er Jahre neue Zugänge zu diesem Problem erschlossen. Lutz Niethammer, Alexander von Plato und Lothar Steinbach waren es, die damals der Oral History-Methode, dem Zeitzeugengespräch, als modernem Zugang zu subjektiven Sichtweisen kollektiver Vergangenheiten zur Konjunktur verhalfen.[55] *Ging es anfänglich darum, durch individuelle Geschichten und biographische Erfahrungen Erkenntnisse über die ‚große' Geschichte zu gewinnen, hatte Lothar Steinbach ein gänzlich anderes Erkenntnisinteresse: Die „Synchronie der Geschichtsverarbeitung" – „die Integration der kollektiven in die individuelle und der individuellen in die kollektive Geschichte", also die Bewusstseinsgeschichte als Ausdruck davon, wie Menschen mit ihren Erfahrungen umgehen, herauszuarbeiten.*[56] *Diese Dialektik muss, so denkt Historiker W., Teil der zuvor beschriebenen ‚Grauzonen' – Prozesse sein. Wie aber laufen solche Vorgänge ab? Wie werden Men-*

schen zu Nazis; wie werden ganz normale Menschen Terroristen; wie formiert sich ‚das Böse' in ihnen? Hier manifestiert sich ein bislang ungelöstes Problem: Historiker sind keine Psychologen. Psychologisierten sie vorschnell, liefen sie Gefahr, Klischeebildung zu betreiben. Doch ohne Psychologie kann die Geschichtsschreibung keine Antworten geben auf die Frage nach dem Faktor Mensch in der Geschichte. Und genau dieser Faktor ist es, der den attischen Strategen und Historiker Thukydides bereits zu der Formulierung brachte, dass das Ziel gekonnter Geschichtsschreibung das Studium der Menschen in ihren Umständen, nicht der Umstände selbst sei.[57] Beim Nationalsozialismus, und vor allem beim Holocaust, hat dieser Satz Gewicht, weil es um die ethische Verpflichtung geht, den Tätern Gesichter zu geben, um besser verstehen zu können, und den Opfern Gesichter zu geben, die man ihnen weggenommen hatte, um ihnen ihre Identität und Würde zurückzugeben. Das Problem einer psychologischen Betrachtungsweise, fangen wir einmal so an, liegt dabei in der Methode der Oral History selbst, die ja keinen Lügendetektor in ihrem Rucksack trägt. Rolf Hochhuth hat dieses Problem in seinem Buch Eine Liebe in Deutschland *einst treffend auf den Punkt gebracht: „Könnte der Altbürgermeister und Ortsgruppenleiter Josef Zinngruber, heute achtzig, von dem ich doch weiß, dass er für seine Denunziation immerhin nach dem Krieg von den Franzosen fünf Jahre bekam – nicht alle saß er ab – mir nicht mehr so beredt dartun, allein die Meineide dreier Mitbewohnerinnen und eines Gendarmes hätten ihn hinter Schloss und Riegel gebracht, so würde ich mühelos (und im Wortsinne: ‚leicht'-fertig) einen geradlinigen Holzschnitt dieses Mannes hergestellt haben. Jetzt jedoch, da ich soeben an seinem Tisch saß neben seiner gelähmten Frau, und in Zinngrubers Augen sah, die so ehrlich, befeuert, groß und gletscherblau besonders dann auf einen blicken, wenn er einem frontal ins Gesicht lügt, ist es unendlich kompliziert herauszufinden, wie dieser Ortsgruppenleiter vor 36 Jahren eingriff und durchgriff, als ihm zuge-*

tragen wurde, die Gemüsehändlerin Pauline Krop schlafe mit dem polnischen Kriegsgefangenen, der beim Kohlehändler Melchior arbeite…"[58]

Lügen sind dabei noch die einfachste Hürde. Denn Aussagen von Zeitzeugen haben verschiedene Funktionen: Sie orientieren sich daran, was die heutige Gesellschaft von ihnen erwartet. Sie antizipieren nachträglich angelesenes Wissen. Sie sind Artikulationen der Umwertung von Werten (Helfen war im Nationalsozialismus eine politische Kategorie), die eine Rekonstruktion von Veränderungsprozessen menschlicher Identität in historisch exponierten Situationen erschwert. Aber die größte Schwierigkeit liegt darin, dass diese Erzählungen der Zeitzeugen auch Konstruktionen ihrer eigenen Biographie sind. Dann nämlich gilt, dass Zeitzeugen nie erzählen, was sie erlebt oder gesehen haben, sondern in ihren Erzählungen inszenieren, wie sie mit ihren Erfahrungen umgehen. Sie reorganisieren diese narrativ und schaffen sich so eine Vergangenheit, die sie verkraften können. Das sind meistens Vergangenheiten, die Kohärenz stiften, sodass Lebenssinn entsteht. Oder eben Entschuldigungsmetaphern für ihre ihnen bereits bewusst gewordene Verstrickung in ein Unrechtssystem. Soll man das eine akzeptieren und das andere verurteilen? Während etablierte Richtungen der Geschichtswissenschaft den Oral Historians vorwarfen „Barfuß-Historik" zu betreiben – also subjektive Darstellungen einfach zu glauben, was eines Historikers unwürdig sei – beharrten die Oral Historians darauf, dass die diachronen Gespräche selbst eine Quellenproduktion darstellten, die mittels anderer Quellen auf Stimmigkeit und Authentizität oder auf Gründe für Abweichungen hin zu untersuchen seien. Wichtig schien ihnen der Perspektivenwechsel, durch den dem subjektiven Faktor in der Geschichte zum Sprechen verholfen und der ungeschriebene Schweigezustand durchbrochen wird. Prozessorientierung spielte auf keiner Seite eine Rolle, also z.B. die Fokussierung von Veränderungen in der Genese einer Zeitzeugenerzählung, die als manifeste Artikulation und Ansatz für die Rekonstruktion eines Lebens in ‚Grauzonen' angesehen werden können. Zwei Beispiele belegen eindrucksvoll, dass umgekehrt sogar bei psychologisch orientierten Historikern, die mit Zeitzeugenaussagen arbeiten, ebenfalls das klassifizierende das relationale Geschichtsdenken dominiert: Daniel J. Goldhagen und Paul Sadover. Der erste, Harvard-Professor, behauptete Ende der 1990er Jahre in seinem umstrittenen Buch Hitlers Willing Executioners: Die Deutschen seien eben so. Das heißt: Er beschreibt eine Mentalität, die kategorial gedacht wird.[59] Die implizite Aussage ist, dass sowohl biologischer Determinismus bei den Nationalsozialisten als auch Mentalitätsdeterminismus bei den Historikern jeder Pädagogik einen Todesstoß versetzt, aber auch jedem weiteren historischen Erkenntnisinteresse. Denn wie sich „die Schatten auf den Seelen" bildeten, wie Menschen sich vom Opfer zum Täter oder, seltener, vom Täter zum Opfer verwandelten, kann mit einem typologischen Denken nicht erfasst werden. Der zweite, Saul Padover, war ein britischer Geheimdienstoffizier, der in

Aachen, der ersten gefallenen deutschen Großstadt nach dem Weltkrieg, mit ‚ganz normalen Deutschen' – einer Lehrerin, einem Immobilienmakler, Elektriker, einer BDM-Führerin usw. – Interviews führte, um herauszufinden, ‚wie diese Deutschen denken?'. Sein ernüchterndes Ergebnis: „Joe, wir haben keinen einzigen Nazi gefunden. Jeder ist ein Nazigegner. [.....] Hitler hat die Sache ganz alleine gemacht." Er habe ganz Europa erobert, den größten Teil Russlands überrannt, 6-8 Millionen Polen und Russen in den Hungertod getrieben, alle Lebensbereiche gleichgeschaltet, Millionen von Menschen ‚erfasst', sechs Millionen Juden umgebracht und den Zweiten Weltkrieg vorangetrieben. Er ganz alleine. „Ich kenne nur zwei Personen auf der ganzen Welt, die so etwas können: Der andere ist Superman."[60] Saul Padover hat nicht, wie Goldhagen, Mentalität typisiert, sondern ist, umgekehrt, von einer herausstechend anderen Mentalität ausgegangen. Vorgefunden hat er subjektive Normalität. Die Interviewten waren nicht fähig, die „vergangene Katastrophe auf *eine andere Weise als ein Erdbeben in ihren eigenen Erfahrungshorizont" einzubeziehen, genauso so, wie das Sozialpsychologen-Ehepaar Mitscherlich es einst beschrieb.*[61] Beide Historiker konnten die Prozessualität der Menschen und ihrer Identitäten in den Grauzonen des Nationalsozialismus nicht erfassen, weil sie so vorgingen, wie man es für gewöhnlich ‚wissenschaftlich' nennt. Und das heißt: Weil sie klassifizierten. Erstaunlich sind der Drang und die Erwartung der Historiker nach Klarheit bei einem Thema wie dem Nationalsozialismus. Prozessorientiertes Denken hätte man hingegen gerade bei ihnen erwartet, den Historikern, in deren Beruf schließlich historische Prozesse der Arbeitsgegenstand sind. Dass sie menschliche Prozesse in den historischen Prozessen kaum berücksichtigen, ist nicht zu erwarten gewesen.

Historiker W. merkt, dass weitere fachwissenschaftliche Zugänge zum Nationalsozialismus notwendig sind, um zu Erkenntnissen über die Verwandlungsfähigkeit von Menschen in Grauzonen der Geschichte kommen zu können.

Deshalb fragt er seinen Kollegen P., der seit Jahren Veränderungen des gesellschaftlichen Umgangs mit dem Holocaust beobachtet hat und somit die soziologische Perspektive des Forschungsprojekts einnehmen könnte. Dieser erzählt, dass sich das mediale Erscheinungsbild des Holocaust über die letzten 15 Jahre hinweg sehr verändert habe. Es seien inzwischen Parodien und Komödiantisches sehr verbreitet und beliebt. Die Deutschen könnten lachen über die Faschismusparodie der Satiresendung Stromberg – Obersalzberg – in der Hitler als schrulliger Sympathieträger erscheint (Switch Reloaded). So etwas enthält Gefahren der Verharmlosung gleichermaßen wie Chancen eines entspannteren Umgangs mit der deutschen Katastrophe. Doch das eigentliche Problem dabei ist: Werte verschwimmen, Geschichte wird plakativ, ein Histotainment tritt an die Stelle der Selbsterkenntnis von Lernsubjekten oder des Historizitätsbewusstseins eines Volks.[62] *Die Deutungshoheit über die Geschichte erkaufen sich Medien- und Filmemacher durch die Gunst ihres Pub-*

likums, und je plakativer und populistischer das Geschichtsevent, desto größer die Gunst. Sie katapultieren dabei nicht nur andere Vorstellungen von ‚Geschichte' in den öffentlichen Raum, als die Geschichtswissenschaft noch verantworten kann, sondern schreiben auch Heldengeschichten, die eine Reflexion der Verwandlungsfähigkeit von Menschen als vollkommen überflüssig erscheinen lassen. Schindler zum Beispiel war eben ein Held; er hat Juden gerettet vor dem Gas. Die Inszenierung von Gut und Böse bedient einen menschlichen Urinstinkt. Da braucht es keine Grauzonen, die die Täter-Opfer-Problematik aufweichen: Nicht aus unterhaltungstaktischen Gründen des Hollywood-Dramas heraus, und nicht aus Gründen der bisherigen Aufarbeitungsleistung. Deshalb ist die Ambivalenz der Figur Schindler auch nur als Verweisungshorizont im Film *Schindlers Liste* präsent. Warum wollte das Hollywood-Studio Metro-Goldwyn-Mayer schon in den 1960er Jahren die Geschichte des Emailwaren-Fabrikanten Schindler verfilmen, tat das aber nicht? Wa-

rum hatte sich Steven Spielberg bereits 1983 die Rechte an dem Roman von Thomas Keneally gesichert, wartete dann aber über 10 Jahre lang? Es lag nicht nur an einer dafür unreifen Geschichtskultur, die die Präsentation des Verbrechens im Kino nicht ertragen konnte. Sondern an dem Problem, dass Schindler zugleich ein Täter und ein Opfer in diesem System war. Er hatte Juden aus den Lagern für ganz wenig Geld bei sich arbeiten lassen und wurde durch Bestechung Lieferant der Wehrmacht. Er ist reich geworden mit dem Leid von Lagerinsassen. Ist er also nicht eher vor seiner Verantwortung geflohen? Ist seine Liste nicht vielmehr eine Entschuldigungsmetapher für die Fehler in seinem bisherigen Leben? Man kann doch nicht durch die Rettung von Wenigen alles wieder gut machen, wenn man Teil des geplanten Massenmordes war! Soll er also ein Held sein, weil er Juden rettet, oder ist er nicht eher ein Held, weil er Rechenschaft vor dem menschenverachtenden Moment in sich selbst ablegt? Wie gesagt: Die Verwandlungen des Oskar Schindler zeigt der Film nicht. Wer, wie im Film, die Verwandlungsfähigkeit des ‚Helden' negiert und stattdessen die Polarisation überhöht – sei es aus Unterhaltungs- oder aus pädagogischen Gründen – lenkt ab von der entscheidenden Selbstreflexion der Zuschauer: Diese folgen innerlich nicht nur dem Propagandaplot, sondern auch dem scheinbaren Aufarbeitungsszenario.[63]

Deshalb braucht es vielleicht am Ende eine alles übergreifende, eine ontologische Perspektive auf das phänomenologisch vorhandene Problem der Prozessstrukturen menschlicher Wandlungsfähigkeit: Die philosophische Sichtweise. Historiker W. fragt folglich seine Kollegin M., die die Geschichte eher philosophisch denkt. Diese Perspektive, sagt sie, hat den Vorteil, dass sie sich unabhängig vom Historismus, dem es primär um die Menschen und deren Erzeugnisse und Hinterlassenschaften in der Geschichte geht, und unabhängig von der historischen Sozialwissenschaft, der es hauptsächlich um die Strukturen und die Rahmenbedingungen historischer Handlungen geht, um das reine Verstehen von Phänomenen kümmert. Zum Beispiel fragt Hannah Arendt nach dem ‚Wesen des Bösen'.[64] *Unzählige Disziplinen haben sich diese Frage gestellt und sind eine Antwort bislang schuldig geblieben. Das ‚reine Nachdenken' bringt also Vor- und Nachteile mit sich. Die ontologische Ebene, die in der Geschichtswissenschaft meistens unberücksichtigt bleibt, ist frei von Interessen und Eitelkeiten, denen die wissenschaftliche Erkenntnis nur ein Mittel zu anderen Zwecken ist. Andererseits ist es ja so: Die Vielfalt der sich beeinflussenden historischen Faktoren wird vielleicht nicht gebührend berücksichtigt.* Hannah Arendt schreibt: „Die unbezweifelbar große Bedeutung der Rechtsprechung liegt darin, dass sie ihre Aufmerksamkeit auf die Person des Einzelnen richten muss, und das selbst im Zeitalter der Massengesellschaft, wo jeder der Versuchung unterliegt, sich nur als ein Rädchen in einer Art von Maschinensystem zu sehen. Das fast automatische Abwälzen von Verantwortung, wie es in der modernen Gesellschaft üblich ist, kommt in dem Augen-

blick, in dem Sie einen Gerichtssaal betreten, plötzlich zum Stillstand. Alle abstrakten Rechtfertigungen brechen zusammen – alles, angefangen beim ‚Zeitgeist' bis hinunter zum Ödipuskomplex, womit zu verstehen gegeben wird, dass Sie kein Mensch sind, sondern eine Funktion von etwas und deshalb selbst ein eher austauschbares Ding denn ein Jemand.... In dem Augenblick, in dem Sie es mit der Person eines Einzelnen zu tun haben, lautet die Frage, die zu stellen ist, nicht mehr: Wie funktioniert dieses System, sondern vielmehr: Warum wurde der Angeklagte ein Funktionär in dieser Organisation? .... Kant hat einmal eine Schwierigkeit erwähnt: ‚Den Begriff der Tugend würde kein Mensch haben, wenn er immer unter lauter Spitzbuben wäre.' ...Gewiss, Kant glaubte, er hätte der Formel, die der menschliche Verstand anwendet, wann immer er Recht von Unrecht unterscheiden muss, Worte verliehen. Er nannte diese Formel den kategorischen Imperativ. Doch er bildete sich nicht ein, er hätte eine moralphilosophische Entdeckung gemacht, so dass keiner vor ihm gewusst hätte, was Recht und was Unrecht ist. Das wäre in der Tat eine absurde Behauptung gewesen. Er verglich seine Formel mit einem ‚Kompass', der es der ‚gemeinen Menschenvernunft' erleichtern wird, ‚zu unterscheiden das, was gut, was böse sei'. Und wenn jemand Kant gefragt hätte, wo dieses Wissen, das jedermann besitzt, seinen Ort hat, hätte er geantwortet: in der vernünftigen Struktur des menschlichen Geistes, wohingegen andere natürlich dasselbe Wissen im menschlichen Herzen verortet hätten. Was Kant als nicht selbstverständlich angesehen hätte, ist, dass der Mensch auch entsprechend seinem Urteil handeln wird.

Der Mensch ist nicht nur ein Vernunftwesen, er gehört auch in die Welt der Sinne, die ihn der Versuchung aussetzen werden, seinen Neigungen anstatt seiner Vernunft und seinem Herzen zu folgen."[65] Und das liegt daran, dass der Mensch, wie Martin Walser einmal sagte, eben keine Erfahrungswaschmaschine ist.

Beantwortet das die eingangs gestellte Frage, wie Menschen zum Beispiel im Konzentrationslager vom Opfer zum Täter wurden? Denken und Handeln voneinander zu trennen und ihnen verschiedene Sinnsysteme in der menschlichen Architektur zuzuschreiben, ist vielleicht auch nur ein weiterer Erklärungsversuch für ein Menschheitsverbrechen, das viele Schriftsteller in den Selbstmord trieb, weil sie keine Worte dafür finden konnten. Das Konglomerat aus Motivationen, Handlungsanlässen und historischen Umständen kann ja nicht verstanden sein, wenn man sagt, dass Menschen eben manchmal auch ihren Gefühlen und nicht nur ihrem Verstand folgen. Die Dialektik zwischen der Erfüllung der Gefühle und der Erfassung der Persönlichkeit eines Menschen ist auch in der Geschichtswissenschaft ein wichtiger Aspekt. Doch die Genese dieser Dialektik ist jenseits aller Deskription noch immer ein offenes Forschungsdesiderat. Dieses kann eine philosophische Betrachtung offensichtlich auch nicht füllen, weil zwar löblicherweise Geschichte von ihrem Gegenstand und nicht von ihrem Material her angegangen wird, diese Umkehrung der Vorgehensweise aber noch keine historische Erkenntnis hervorrufen muss. Im Gegenteil: Die Dialektik zwischen historischem Material und Gegenstand in der Geschichte, die eine kongeniale methodische Struktur zu der Dialektik von Erfüllung und Erfassung der Menschen darstellen könnte, tritt in der philosophischen Reflexion gar nicht in Erscheinung. Diese stellt zwar die richtigen Fragen. Eine Antwort darauf, wie der Verwandlungsprozess funktioniert, konnte sie aber nicht geben. So, wie die Historische Sozialwissenschaft Kausalhypothesen vom Material und dessen Inbeziehungsetzen aus betreibt, hüten sich die Philosophen, überhaupt Vermutungen zum Gegenstand anzustellen, sondern betreiben Phänomenologie. Am Ende bleiben, wie Lucien Febvre das einmal in seiner Antrittsvorlesung über *Das Gewissen des Historikers* sagte, „Verlagerungs- und Verstümmelungsformeln" übrig.[66] Geschichte sei – und das gilt insbesondere für den Nationalsozialismus und den Holocaust – eben nicht: ‚Tatsachen' herstellen und ins Werk setzen. Doch das wusste man schon vorher. In der Beschäftigung mit Nationalsozialismus und Holocaust gilt nämlich stattdessen die Aussage Hegels: Geschichte sei die Erfahrung, die das Bewusstsein über sich selbst macht (Phänomenologie des Geistes). Hat dieser Satz, den der Philosoph formulierte, nun eine historische Ausprägung? Eine psychologische? Eine soziologische? Eine philosophische? Eine historische, weil das Zusammenspiel zwischen dem Einzelnen und dem Allgemeinen das Kernthema jeder Geschichtstheorie ist. Eine psychologische, weil Erfahrungen von Menschen, die sie im Umgang mit Geschichte machen, zu Entwicklungen und damit zu einer Neuorganisation ihrer biographischen Konstruktion führen können. Eine soziologische, weil die Geschichte einer Gesellschaft nur über deren Mentalität entschlüsselt werden kann, die ihrerseits aus dem Bewusstsein der Einzelnen hervorgeht, und weil so etwas, je nach Ausgangsweise, Sozialisation oder Enkulturation genannt wird. Und eine philosophische, weil die Philoso-

phie die Existenz des Erfahrungsprozesses beschreibt und damit prozessual denkt, auch wenn sie die Genese dieses Prozesses nicht hinreichend reflektiert.

Historiker W. hat sich auf die Suche gemacht, die Grammatik des Wesens der Verwandlungsprozesse von Menschen in der Geschichte des Nationalsozialismus herauszufinden. Er wechselte Perspektiven auf das Problem und forschte beharrlich weiter. Er praktizierte Ansätze und verwarf sie. Er reflektierte und beurteilte seine Vorgehensweise und stellte ein Netz zwischen den Perspektiven her. Als Sherlock Holmes unter den Historikern verließ er sogar seine Domäne und folgte einem unstillbaren Wissensdrang.

„Kultureller bzw. sozialer Wandel", so Siegfried Schmidt, „beginnt immer mit einem Wandel von Beobachterperspektiven, der sich kommunikativ durchsetzt, beginnt also mit einer Problematisierung selbstverständlich gewordener Problemlösungen bzw. mit der Beobachtung von Inkohärenzen im Programm kulturellen Wissens."[67] Verwirrung als intellektuelles Substrat erscheint den Kompetenz-Managern der Gesinnungsschule suspekt. Sie würde die Kontrollier- bzw. Messbarkeit von Bildungsprozessen verunmöglichen. Deswegen wohnt der Kompetenzschule auch immer Verachtung gegenüber intellektueller Lebendigkeit inne. Die aktive Tätigkeit des Geistes, also der konstruktive Prozess, aus dem Wissen entsteht, soll zwar mit den Kompetenzbeschreibungen möglich werden. Leitlinien der Bildungspläne inszenieren sie aber als eine ethische Verpflichtung. Sie begreifen ihn nicht als offene heuristische Suche nach Erkenntnis, als Arbeit an einem ethischen Dilemma. Das Beispiel des Historikers entlarvt jede festgelegte Antwort auf das Dilemma, dass Opfer auch Tätern sein konnten und wie man diese Verwandlung verstehen und mit ihr umgehen kann, als eine *Illusion* von Wissen. Doch in der Offenheit und intellektuellen Lebendigkeit der Erkenntnissuche spiegelte sich die Grammatik des Wesens von Bildung deutlicher, als es Kompetenzformulierungen jemals ausdrücken könnten. Bildung ist als Dialog des Denkens zu verstehen, nicht als messbare Erkenntnisoperation. Lehrende könnten diesen Dialog unterstützen, indem sie irritieren, das Denken am Laufen halten durch Widerspruch, Perspektivenwechsel und Aufzeigen neuer Zusammenhänge. Sie könnten Kontexte bereitstellen für die Dilemmata, sodass Denken beginnt. Freude an und Anstrengung der Intellektualität erfahrbar zu machen, wäre ihre Aufgabe.

7. Die Bildung als Erregungsideologie

Die Bildung ist keine stolze Dame mehr, die nach Idealen und Werten strebt, für die Menschen jahrhundertelang mit ihren Ideen, ihrem Mut, ihren Schriften und in Revolutionen gekämpft haben. Humanismus (14.-16. Jahrhundert) als literarische, philologische und wissenschaftliche Wiederentdeckung der Geisteshaltung, der Kunst und Kultur der Antike mit dem Bewusstsein für die Würde des Menschlichen, und Aufklärung als Befreiung des Individuums aus politischer, gesellschaftlicher und geistiger Unmündigkeit mit dem Ziel der Freiheit haben als von Zeit und Macht unabhängige Orientierungsmaße der Bildung ausgedient. An die Stelle von Menschlichkeit und Freiheit sind das Reagieren auf Wellen der Erregung, mess- und überprüfbare Lernabläufe sowie Entpersonalisierung der Pädagogik getreten. Auflisten, Operationalisieren und Messen kennzeichnen die Handschrift der Bildungs-‚Manager'. Deren ‚Programm': Bildung müsse sich den neuen Herausforderungen stellen: Benchmark, Politische Korrektheit und Nachhaltigkeit in allen Bereichen des Lebens, digitale Technologien. Dass Bildung dadurch gerade an jenen Orten, die in ihrem Namen existieren, zu einer würdelos Getriebenen wurde, die den Zeitgeist von Bewegungen imitiert, anstatt ihn zu reflektieren: das ist der Kollateralschaden, den die Bildungsshow angerichtet hat. Schulen und Hochschulen sind Einrichtungen, an denen gesellschaftliche Veränderungen, politische Interessenskämpfe und Bewegungen aus einer übergeordneten Perspektive heraus analysiert, interpretiert und eingeschätzt werden. Aber wenn diese Einrichtungen ein Teil davon wurden, dann ist dieser Aspekt von Bildung – etwas durchdenken, beurteilen, sich dazu reflektiert positionieren – nicht mehr praktikabel. Dass der Einzelne sich zu einer eigenständigen Persönlichkeit heranbildet, wurde als Ideal der Bildung aufgekündigt. Er blickt nicht mehr von oben auf das Meer, sondern schwimmt mitten in ihm und sieht kein Ufer. Wegweiser beruhigen ihn.

„Ein Lernfortschritt", so der Erziehungswissenschaftler Horst Siebert, „lässt sich unter anderem an der Differenzierung und dem wachsenden Komplexitätsniveau begrifflicher Netzwerke erkennen."[68] Wenn das Bildungssystem aber Erregungsideologien folgt, repliziert es Begrifflichkeiten, die für das Programm eines moralisierend aufgeladenen, politisch-gesellschaftlichen Interessenskampfes stehen und zu diesem Zweck Schwarzweißbilder zeichnen. In einer solchen Adaption kann differenzierte Begriffsreflexion nicht mehr stattfinden. So ist auch die Sprache in den Abläufen des Systems, die vorgeben, eine Bearbeitung von Menschheitsproblemen zu sein, der Fremdbestimmung ausgesetzt. Die Tragikomik ist, dass diejenigen Bildungsmanager, die ethische Konditionierung an die Stelle der Reflexivität gesetzt haben, weil sie glaubten, dass sich im Bildungssystem ein ‚richtiger' Umgang mit den heutigen Problemen abbilden sollte, in einem gewissen Sinn der „schwarzen Pädagogik" zu einer Wiedergeburt verholfen haben: „Um Wasser durch ein Rohr zu pumpen, ist nichts weiter als hinreichend großer Druck erforderlich", schreibt Joachim Bauer über diese vergangen geglaubte Pädagogik.[69] Ist die Gesinnungsschule etwas anderes? Bauer geht noch weiter: „‚Hydraulische Pädagogik' zerstört Bildungsbereitschaft, sie produziert keine Genies, sondern kranke Kinder."[70]

Der Psychologe Dietrich Dörner hat „...anhand fallbasierter Studien gezeigt, welche fatalen Folgen es hat, wenn lineare, mechanische Problemlösungsstrategien auf komplexe, ökologische und entwicklungspolitische Situationen angewendet werden. Ein solches monokausales, technologisches Denken führte eher zur Verschlechterung als zur Verbesserung der Verhältnisse, weil zum Beispiel ... Nebenwirkungen unberücksichtigt blieben.... Dietrich Dörner plädiert für eine Förderung einer ‚operativen Intelligenz', das heißt der Fähigkeit zu unterscheiden, wann welche ‚Logiken' angemessen und wann also eher analytisch und wann ganzheitlich zu denken ist, wann Detailwissen und wann ein Orientierungswissen erforderlich ist, wann linear und wann zirkulär zu denken ist, wann schnell gehandelt werden muss und wann in Ruhe recherchiert werden muss."[71] Von einer Bildung, die Modelle, Formen und Weisen möglichen Denkens schult, sind unsere Bildungseinrichtungen meilenweit entfernt. Dies würde aber das selbst denkende Individuum wieder in den Mittelpunkt von Bildung rücken.

Anmerkungen

[1] https://www.tagesschau.de/inland/pisa-studie-2019-101.html

[2] Türcke, Christoph: Die erregte Gesellschaft. Philosophie der Sensation, München 2002.

[3] Schirrmacher, Frank: Payback, München 2009, S. 99.

[4] https://www.tagesschau.de/inland/pisa-studie-2019-interview-101.html. Heiner Barz ist Leiter der Abteilung für Bildungsforschung und Bildungsmanagement an der Heinrich Heine Universität Düsseldorf. Er hat in den vergangenen Jahre intensiv zu Bildungsstudien wie PISA geforscht.

[5] Vgl. von Borries, Bodo: Geschichtsbewusstsein – Empirie. In: Bergmann, Klaus u.a. (Hrsg.): Handbuch Geschichtsdidaktik, 5. Auflage Seelze-Velber 1997, S. 45.

[6] Keupp, Heiner: Identitätskonstruktionen. Das Patchwork der Identitäten in der Spätmoderne, Reinbek bei Hamburg 1999, S. 23.

[7] Baumann, Zygmunt: Flaneure, Spieler und Touristen. Essays zu postmodernen Lebensformen, Hamburg 1997, S. 134.

[8] „An Schulen herrscht ein problematisches Menschenbild". Interview von Axel Göhring mit Karl-Heinz Dammer: www.wiwo.de/erfolg/hochschule/paedagoge-ueber-die-neue-lernkultur-an-schulen-herrscht-ein-problematisches-menschenbild/14609180-all.html, 28. September 2016, gelesen 30.März 2018.

[9] http://www.bildungsplaene-bw.de/,Lde/LS/BP2016BW/ALLG/SEK1/G/IK/7-8-9/02

[10] https://www.news4teachers.de/2020/08/interaktiver-fernunterricht-smart-learning-suite-online-app-jetzt-in-microso ft-teams-verfuegbar/, gelesen 12.8.2020, 23.41 Uhr.

[11] Vgl. Mollenhauer, Klaus: Vergessene Zusammenhänge. Über Kultur und Erziehung, 5. Auflage München 1998, S. 67.

[12] Vgl. Gurwitsch, Aron: Das Bewusstseinsfeld, Berlin-New York 1975 (de Gruyter).

[13] Jaspers, Karl: Was ist Erziehung? Ein Lesebuch, 2. Auflage München 1999, S. 62. Original PuW 28-38.

[14] Bieri, Peter: Wie wollen wir leben? 6. Auflage Salzburg 2012, S. 11.

[15] Jaspers, Karl: Was ist Erziehung? Ein Lesebuch, 2. Auflage April 1999, S. 110.

[16] Ebd., S 52 original GP263,

[17] Wörtlicher Aphorismus des Simplikios zur Kennzeichnung der heraklitischen Lehre.

[18] Hitlerjunge Quex ist ein UfA Tonfilm für das Kino nach einer Romanvorlage von Karl Aloys Schenzinger. Der in Berlin ermordete Hitlerjunge Herbert Norkus, der mit dem Film zum Märtyrer gemacht werden soll, wurde u.a. in Mustervorlagen für Flaggenappelle wie im HJ-Handbuch „Freude-Zucht-Glaube" (Potsdam 1937) verwertet. Das von Hans Otto Borgmann komponierte und eigens für den Film von Baldur von Schirach betextete Lied „Unsre Fahne flattert uns voran" (endet mit: Die Fahne ist mehr als der Tod) trug zur medialen Werbepropaganda für die bis dahin für ihr rüpelhaftes Benehmen bekannte und in Hitlers Zukunftsplänen eher vernachlässigte Hitlerjugend bei.

[19] Vgl. Geiger, Rolf: Dialektische Tugenden. Untersuchungen zur Gesprächsform in den Platonischen Dialogen, Paderborn 2006, S. 104-108.

[20] Arieti, James: Interpreting Plato. The Dialogues as Drama, Savage 1991.

[21] Bude, Heinz. Gesellschaft der Angst, Hamburg 2014.

[22] Professorin und Gründerin des Instituts für Demoskopie in Allensbach. Vgl. Noelle-Neumann, Elisabeth: Die Schweigespriale. Öffentliche Meinung – unsere soziale Haut. 1980. *Diese Theorie versucht, Meinungsumschwünge in der Gesellschaft, insbesondere bei moralisch-emotional aufgeladenen Streitfragen, sozialpsychologisch zu erklären. Vielleicht gerade weil Noelle-Neumanns Annahmen zur sozialen Natur des Menschen kontrovers sind und populären Idealvorstellungen des rational gesteuerten, autonomen Individuums zuwiderlaufen, zählt die Schweigespirale zu den am meisten zitierten und replizierten Theorien der Sozialwissenschaften* (Text: https://noelle-neumann.de/wissenschaftliches-werk/schweigespirale/). *Schweigespirale nennt sich ein Teil der in den*

1970er-Jahren von Elisabeth Noelle-Neumann formulierten Theorie der öffentlichen Meinung. Demnach hängt die Bereitschaft vieler Menschen, sich öffentlich zu ihrer Meinung zu bekennen, von der Einschätzung des Meinungsklimas ab (Wiki-Text). Die meisten Menschen fürchten soziale Isolation. Aspekte der „Schweigespirale sind:

a) Menschen beobachten daher ständig das Verhalten anderer, um einschätzen zu können, welche Meinungen und Verhaltensweisen in der Öffentlichkeit Zustimmung oder Ablehnung finden.
b) Menschen üben Isolationsdruck auf andere aus, beispielsweise, indem sie den Mund verziehen oder sich abwenden, wenn jemand etwas sagt oder zeigt, das von der öffentlichen Meinung missbilligt wird.
c) Menschen neigen dazu, ihre eigene Meinung zu verschweigen, wenn sie denken, dass sie sich mit ihrer Meinung dem Isolationsdruck anderer aussetzen würden.
d) Diejenigen hingegen, die öffentliche Unterstützung spüren, neigen dazu, ihre Meinung laut und deutlich zu äußern.
e) Laute Meinungsäußerungen auf der einen und Schweigen auf der anderen Seite setzen den Schweigespiralprozess in Gang.
f) Dieser Prozess entzündet sich typischerweise an emotional aufgeladenen Themen.
(https://noelle-neumann.de/wissenschaftliches-werk/schweigespirale/)

[23] Vorladungen bei Kritik an Gemeinschaftsschulen (siehe Anm. 29)

[24] Vgl. Bastian, Till: Die seelenlose Gesellschaft. Wie unser Ich verloren ging, München 2012..

[25] Winkler, Michael, Brachmann, Jens (Hrsg.): Friedrich Schleiermacher. Texte zur Pädagogik. Kommentierte Studienausgabe I, Frankfurt am Main 2000. Hier Einleitung, S. X.

[26] Ebd., Einleitung, XII.

[27] Winkler, S. XIII.

[28] Winkler, XIV

[29] Vgl. Bauer 1908.

[30] Bolz, Norbert: Die neuen Jakobiner. In: Focus37/2010, S. 64-66, hier S. 66.

[31] Schmoll, Heike: Lehrer wie Dompteure im Zirkus. In: Frankfurter Allgemeine Zeitung, Ausgabe vom 27.2.2016. Nachzulesen: https://www.faz.net/aktuell/politik/wahl-in-baden-wuerttemberg/baden-wuerttemberg-lehrer-kritisieren-gemeinschaftsschulen-14062812-p2.html.

[32] Vgl. Jonas, Hans: Das Prinzip Verantwortung. Versuch einer Ethik für die technische Zivilisation, 1. Auflage Suhrkamp Frankfurt am Main 1984, S. 37.

[33] Hügli, Anton: Philosophie und Pädagogik. Transdisziplinäre Reflexionen, Darmstadt 1999. Hügli nennt das Changieren zwischen Kontrolle und Autonomieideal das Dilemma der modernen Pädagogik.

[34] Hessel, Stéphane, Morin, Edgar: Wege der Hoffnung, Berlin 2012, S. 51 f. Als Zivilisationsprobleme werden Familie, Jugendkultur, Entmenschlichung der Städte, Konsum, Freizeitgestaltung, Umgang mit den Medien, Ausübung der demokratischen Freiheiten genannt.

[35] Vgl. Arendt, Hannah / Fest, Joachim: Eichmann war von empörender Dummheit: Gespräche und Briefe, hrsg. Von Ursula Ludz und Thomas Wild, München 2011, Einleitung S. 11.

[36] Vgl. Luhmann, Niklas: Das Erziehungssystem der Gesellschaft, Frankfurt am Main 2002, S. 102.

[37] Vgl.ebd., S. 105

[38] Jeder Anwesende konnte den Namen derjenigen Person, die für zehn Jahre aus der Stadt verbannt werden sollte, auf eine Tonscherbe schreiben.

[39] Martenstein, Harald: Der Terror der Tugend. In: Die Zeit, Dossier, Ausgabe 6. Juni 2012, S. 15.

[40] Ebd., S. 15.

[41] http://www.bildungsplaene-bw.de/,Lde/LS/BP2016BW/ALLG/LP.

[42] Pörksen, Bernhard: Die große Gereiztheit, München 2018, S. 24-53.

[43] Ebd., S. 70.

[44] Lisa Neubauer und Greta Thunberg referieren diese Zahl permanent. https://www.spiegel.de/wissenschaft/natur/klimawandel-97-prozent-konsens-bei-klimaforschern-in-der-kritik-a-992213.html

[45] Vgl. Luhmann, Niklas / Schorr, Karl Eberhard: Das Technologiedefizit der Erziehung und die Pädagogik. In: Dies. (Hrsg.): Zwischen Technologie und Selbstreferenz. Fragen an die Pädagogik. Frankfurt am Main 1982, S. 11-40, hier S. 15.

[46] Martenstein, Harald: Der Terror der Tugend. In: Die Zeit, Dossier, Ausgabe 6. Juni 2012, S. 14-15.

[47] Cavell, Stanley: Wittgensteins Vision der Sprache. In: Cavell, Stanley: Die Unheimlichkeit des Gewöhnlichen und andere philosophische Essays, hrsg. Von Sparti, Davide / Hammer, Espen, Frankfurt am Main 2002, S. 200. Original: Excursus on Wittgenstein's Vision of Language, in: Ders.: The Claim of Reason, Wittgenstein, Scepticism, Morality and Tragedy, Oxford University Press, 1979, New York, pp. 168-190.

[48] Vgl. Fromm, Erich: Die Furcht vor der Freiheit, 10. Auflage München 1990, S. 80 ff.

[49] Mitscherlich, Alexander: Über Feindseligkeit und hergestellte Dummheit – einige andauernde Erschwernisse beim Herstellen von Frieden. Rede zur Verleihung des Friedenspreises des Deutschen Buchhandels 1969 in der Frankfurter Paulskirche, hrsg. Von Sabine Groenewold, Europäische Verlagsgemeinschaft Bd. 12, S. 15.

[50] Appelt, Otto (Hrsg.): Platon: Sämtliche Dialoge, Bd. II, Menon (19-73), Felix Meiner Verlag, , 2. Auflage Hamburg 1998.

[51] Hogrefe, Jürgen: H. Ein deutsch-deutscher Geschichtsdialog, Berlin 2006. Hinrichtungen der Seele. https://www.spiegel.de/spiegel/print/d-8741953.html. In: Der Spiegel, 7.7.1997 (Ausgabe 28/1997). Hogrefe schreibt über das Buch: Frister, Roman: Die Mütze oder der Preis des Lebens. Ein Lebensbericht. Aus dem Hebräischen von Eva und Georges Basnizki. Siedler Verlag, Berlin 1997. *„Im Jahr 1990 übernahm Frister die Leitung der Journalistenschule Koteret in Tel Aviv. Frister schrieb Romane, Sachbücher und Theaterstücke. Seine Autobiografie Die Mütze oder Der Preis des Lebens erregte durch ihre schonungslose Offenheit*

großes Aufsehen, da es insbesondere die dunkle Seele der Opfer darstellt". (Text Wikipedia).

[52] Burg, Avraham: Hitler besiegen. Warum Israel sich endlich vom Holocaust lösen muss, Frankfurt am Main 2009, S. 35 ff.

[53] Levi, Primo: Ist das ein Mensch? 17. Auflage München 2009, S. 28-30.

[54] Deen, Helga: „Wenn mein Wille stirbt, sterbe ich auch". Tagebuch und Briefe, Hamburg 2007, S. 24-27.

[55] Vgl. Niethammer, Lutz (Hrsg.): „Die Jahre weiß man nicht, wo man die heute hinsetzen soll." Faschismuserfahrungen im Ruhrgebiet (Bd. 1), 2. Auflage Bonn 1986 und ders. (Hrsg.): „Hinterher merkt man, dass es richtig war, dass es schiefgegangen ist." Nachkriegserfahrungen im Ruhrgebiet (Bd. 2), Berlin-Bonn 1983 und Niethammer, Lutz/von Plato, Alexander: „Wir kriegen jetzt andere Zeiten." Auf der Suche nach der Erfahrung des Volkes in nachfaschistischen Ländern (Bd. 3), Berlin-Bonn 1983 und Niethammer, Lutz: Anmerkungen zur Alltagsgeschichte. In: Bergmann, Klaus/Schörken, Rolf (Hrsg.): Geschichte im Alltag – Alltag in der Geschichte (Geschichtsdidaktik. Studien und Materialien, Bd. 7 (1982), Düsseldorf, S. 11-29 und Steinbach, Lothar: Ein Mensch, ein Reich, ein Glaube? Ehemalige Nationalsozialisten und Zeitzeugen berichten über ihr Leben im Dritten Reich, Bonn 1995.

[56] Steinbach, Lothar, Prof. em. Für Geschichte und ihre Didaktik. Pädagogische Hochschule Heidelberg, Forschungsprojekt: Bewusstseinsgeschichte und Geschichtsbewusstsein. Autobiographische Geschichtserfahrungen aus 40 Jahren deutscher Teilung. Das Forschungsprojekt wurde 1996 begonnen und berührte deutsch-deutsche Empfindlichkeiten im Umgang mit der jüngeren Vergangenheit. Zitate aus der Projektbeschreibung, S. 7 (liegt vor.). Vgl. dazu auch: Ders: Bewusstseinsgeschichte und Geschichtsbewusstsein Reflexionen über das Verhältnis von autobiographischer Geschichtserfahrung und Oral History. In: BIOS 1 (1995), S. 89-106 und ders: Bevor der Westen war. Ein deutsch-deutscher Geschichtsdialog, Berlin 2006. Vgl. auch Steinbach, Lothar: Der Einzelne und das Allgemeine: Überlegungen zu unserem Umgang mit Geschichte aus historischer und sozialpsychologischer Sicht. In: Klose, Dagmar / Uffelmann, Uwe (Hrsg.): Vergangenheit. Geschichte. Psyche. Ein interdisziplinäres Gespräch, Kirchner-Verlag (Forschen-Lehren-Lernen Bd. 7),

Idstein 1993, S.35-56. Erfahrungen werden, so Steinbach, durch einen Bewusstseinsprozess vergegenwärtigt. Reflexion sei eine Nachbereitung geschichtlicher Erfahrung, der Versuch, seiner selbst inne zu werden. Es ging Steinbach darum, wie die Verarbeitung geschichtlicher Erfahrung und der Umgang mit Geschichte funktionieren, wie Menschen, kollektiv eingebunden, in der Rückschau mit ihrer Lebenserfahrung umgehen. Es ging also nicht mehr darum, über die Subjekte der Geschichte zu historischer Wahrheit zu kommen, sondern es ging um die Verarbeitung von Erfahrung.

57 Gelesen bei Kocka, Jürgen: Zurück zur Erzählung? Plädoyer für historische Argumentation. In: Geschichte und Gesellschaft, 10. Jg. H 3. (1984), Sozialgeschichte und Kulturanthropologie, S. 395-408, hier S. 395.

58 Hochhuth, Rolf: Eine Liebe in Deutschland, 9. Auflage Hamburg 2000, S 57 f.

59 Vgl. Goldhagen, Daniel J.: Hitlers willige Vollstrecker. Ganz gewöhnliche Deutsche und der Holocaust, Berlin 1996.

60 Padover, Saul: Lügendetektor. Wahrnehmungen im besiegten Deutschland 1944/45. Aus dem Amerikanischen von Matthias Fienbork, Frankfurt am Main 1999, Zitat S. 46.

61 Loewenstein, Bedrich: Identitäten –Vergangenheiten - Verdrängungen. In: Klose, Dagmar / Uffelmann, Uwe (Hrsg.): Vergangenheit. Geschichte. Psyche. Ein interdisziplinäres Gespräch, Schulz-Kirchner-Verlag (Forschen-Lehren-Lernen Bd. 7), Idstein 1993, S. 13-22, hier S. 14. Vgl. dazu Mitscherlich, Alexander und Margarete: Die Unfähigkeit zu trauern. Grundlagen kollektiven Verhaltens, München 1967.

62 Vgl. Oswalt, Vadim: Komödien zum Thema „Drittes Reich" als geschichtskulturelles Phänomen und Lernanlass. In: Ders./Pandel, Hans-Jürgen (Hrsg.): Geschichtskultur. Die Anwesenheit von Vergangenheit in der Gegenwart, Schwalbach/Ts. 2009, S. 127-138 und vgl. Kellerhof, Sven Felix: Geschichte muss nicht knallen – Zwischen Vermittlung und Vereinfachung: Plädoyer für eine Partnerschaft von Geschichtswissenschaft und Geschichtsjournalismus. In: Barricelli, Michele/Hornig, Julia (Hrsg.): Aufklärung, Bildung, „Histotainment". Zeitgeschichte in Unterricht und Gesellschaft heute, Frankfurt am Main 2008, S. 147-173.

[63] Vgl. Löffler, Sigrid: Kino als Ablass. Spielbergs misslungener Holocaust-Film. In: Wochenpost, 24.02.1994 (zit. bei Wendler, Manuel: Integration von Holocaust-Spielfilmen in den Geschichtsunterricht der Sekundarstufe II, im Rahmen der sächsischen Lehrplanvorgaben. „Shoa" und „Schindlers Liste" als „vermittelnde" Darstellungsformen., Norderstedt 2009 (Examensarbeit an der Fakultät für Geschichte, Kunst- und Orientwissenschaften der Universität Leipzig).; vgl. Vgl. Werner, Tilo: Holocaust-Spielfilme im Geschichtsunterricht, Norderstedt 2004, S. 15 f. und von Festenberg, Nikolaus: Fabeln hinterm Flammenkreis. Immer unbefangener und banaler erzählen Film und Fernsehen vom Holocaust. In: Der Spiegel 13/1999, S. 238-240.

[64] Arendt, Hannah: Über das Böse. Eine Vorlesung zu Fragen der Ethik, München 2. Auflage 2008.

[65] Arendt, Hannah: Über das Böse. Eine Vorlesung zu Fragen der Ethik, 2. Auflage München 2008, S. 21-27. Original 1965.

[66] Febvre, Lucien: Ein Historiker prüft sein Gewissen. Antrittsvorlesung am Collège de France 1933. In: Wie Geschichte geschrieben wird- Wagenbachs Taschenbuch Nr. 126, Berlin 1990 und 1998, S. 15-30, hier S. 17.

[67] Schmidt, Siegfried J. : Kognitive Autonomie und soziale Ordnung, Frankfurt am Main 1994, 248.

[68] Siebert, Horst: Pädagogischer Konstruktivismus. Eine Bilanz der Konstruktivismusdiskussion für die Bildungspraxis, Kriftel 1999, S. 159.

[69] Bauer, Joachim: Lob der Schule. Sieben Perspektiven für Schüler, Lehrer und Eltern., Hamburg 2007, S. 37.

[70] Ebd., S. 38.

[71] Siebert, Horst (siehe Anm. 48), S. 159. Vgl. Dörner, Dietrich: Die Logik des Misslingens, Reinbek 1993, S. 289.

Bibliografische Information der Deutschen Nationalbibliothek: Die Deutsche Nationalbibliothek verzeichnet diese Publikation in der Deutschen Nationalbibliografie; detaillierte bibliografische Daten sind im Internet über dnb.d-nb.de abrufbar.

TWENTYSIX – Der Self-Publishing-Verlag
Eine Kooperation zwischen der Verlagsgruppe Random House und BoD – Books on Demand

© 2020 Daumüller, Markus

Herstellung und Verlag:
BoD – Books on Demand, Norderstedt

ISBN: 978-3-7407-6901-7